AI와 광고 회사에서 일하기

AI문고

인공지능 시대입니다. 기계가 인간의 인지를 대신하고, 사물이 인간을 통하지 않고 다른 사물과 직접 커뮤니케이션합니다. 이에 따른 인간 삶과 문명 변화를 정확히 이해·예측·대응하는 것은 이 시대 우리 모두의 과제입니다. AI문고는 인공지능 기술과 환경의 여러 주제를 10가지 키워드로 정리합니다. 관련 개념과 이론, 학계와 산업계의 쟁점, 우리 일상의 변화를 다룹니다. 인간과 기술의 현재, 미래를 세심히 분석합니다.

일러두기

- 인명, 작품명, 저서명, 개념어 등은 한글과 함께 괄호 안에 해당 국가의 원어를 병기했습니다.
- 외래어 표기는 현행 어문규정의 외래어표기법을 따랐습니다. 다만 '솔루션'은 관행을 따랐습니다.

처음이세요?
전문가세요?

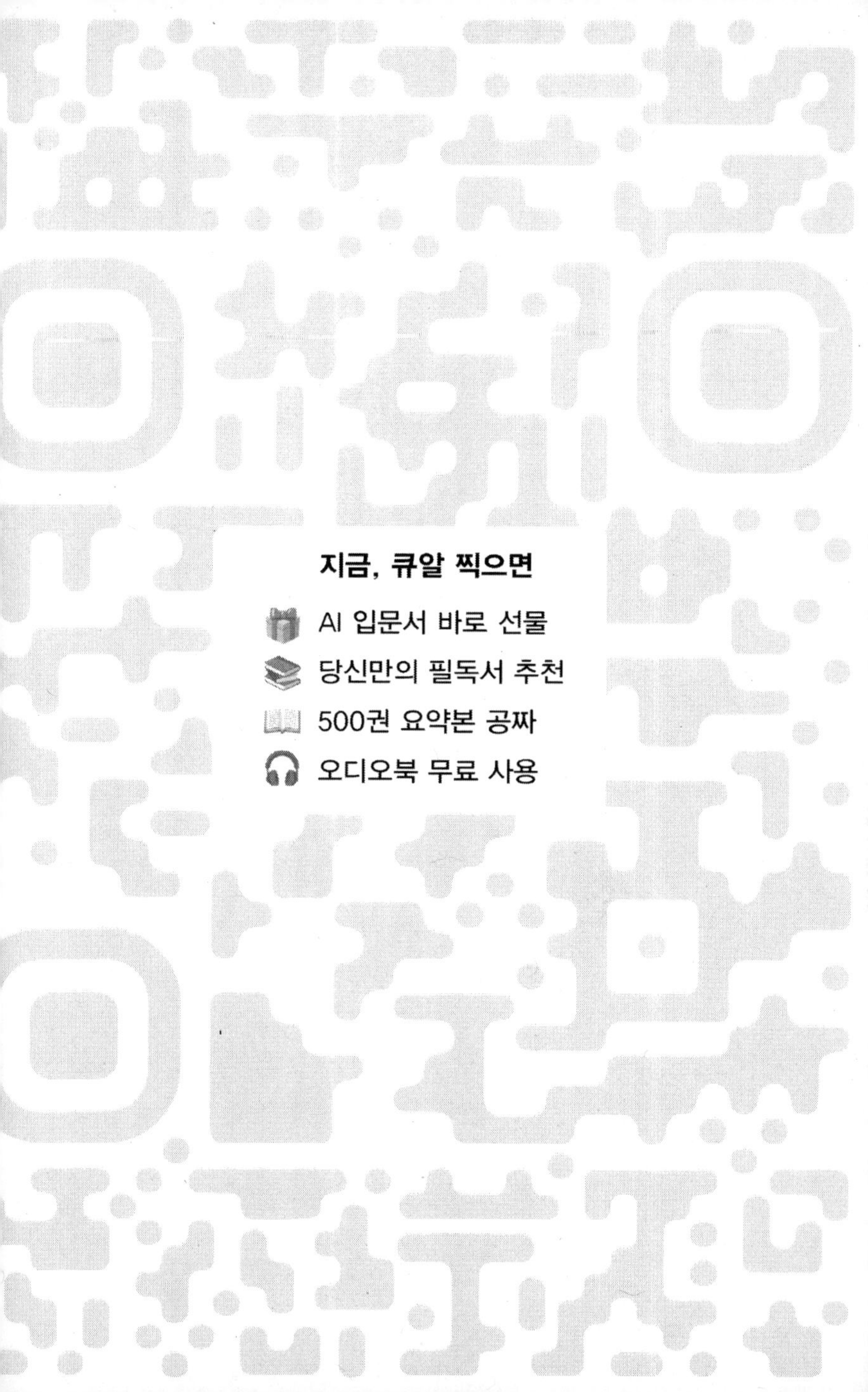
지금, 큐알 찍으면
AI 입문서 바로 선물
당신만의 필독서 추천
500권 요약본 공짜
오디오북 무료 사용

AI와 광고 회사에서 일하기

김병희

대한민국, 서울, 커뮤니케이션북스, 2026

AI와 광고 회사에서 일하기

지은이 김병희
펴낸이 박영률

초판 1쇄 펴낸날 2026년 3월 9일

커뮤니케이션북스(주)
출판 등록 2007년 8월 17일 제313-2007-000166호
02880 서울시 성북구 성북로 5-11
전화(02) 7474 001, 팩스(02) 736 5047
commbooks@commbooks.com
www.commbooks.com

ISBN 979-11-430-1978-3 03500

책값은 뒤표지에 표시되어 있습니다.

차례

AI가 바꾸는 광고 회사의 일

"새 술은 새 부대에 담아야 한다." 우리가 보통 속담으로 알고 있는 이 말은 사실 《성경》에서 유래했다. 예수님은 새로운 가르침이 기존 체제와 충돌할 수 있다는 사실을 설명하기 위한 비유적 표현으로 이렇게 말씀하셨지만, 나중에 비유적 표현이 일반화되어 변화의 수용을 강조하기 위한 속담으로 자리 잡은 듯하다. 복음 말씀의 원문은 이렇다.

> "아무도 새 옷에서 조각을 찢어 내어 헌 옷에 대고 꿰매지 않는다. 그렇게 하면 새 옷을 찢을 뿐만 아니라, 새 옷에서 찢어 낸 조각이 헌 옷에 어울리지도 않을 것이다. 또한 아무도 새 포도주를 헌 가죽 부대에 담지 않는다. 그렇게 하면 새 포도주가 부대를 터트려, 포도주는 쏟아지고 부대도 버리게 된다. 새 포도주는 새 부대에 담아야 한다. 묵은 포도주를 마시던 사람은 새 포도주를 원하지 않는다. 사실 그런 사람은 '묵은 것이 좋다'고 말한다."(루카 5, 36-39)

세월이 지나도 여전히 자주 쓰이는 새 술은 새 부대에 담으라는 속담은 디지털 시대의 광고 환경에도 그대로 적용할 수 있다. 인공지능 기술은 미디어 환경과 광고의 생태계를 바꿨다. 광고의 기능도 '미디어를 통한 메시지의 전달'이라는 전통적인 관점에서 '콘텐츠를 매개로 플랫폼에서의 만남'이라는 새로운 관점으로 변했다. 광고의 본질도 전통적 관점인 '널리 알리는 목적'에서 디지털 시대의 관점인 '폭넓게 모이게 하는 목적'으로 그 패러다임이 완전히 달라졌다. 제4차 산업혁명의 핵심 기술인 인공지능 도구가 널리 활용되고 있어, 광고주와 광고 회사의 업무 계약 관계를 재설정해야 할 필요성도 커졌다.

광고 회사 비즈니스 모델의 전환

인공지능 도구가 본격적으로 도입된 이후 광고 회사의 경영 철학이 본질적으로 달라지고 있어, 광고인과 광고 회사의 존재 방식에 대한 이런저런 질문이 제기되고 있다. "인공지능 기술이 광고 회사를 어디까지 얼마만큼 변화시킬 것인가?" "광고주는 앞으로도 광고 회사가 필요하다고 생각할 것인가?" 이런 질문에 직면한 광고인과 광고 회사들은 단순히 인공지능 도구를 도입하는 것을 넘어서 회사의 존재 방식 자체를 재정립하고 있다. 광고 회사들은 비즈니스 모델을 재편하고 있으며, 그에 따라 광고 실무도 인공지능 도구를 접목하는 방향으로 급격히 재편되고 있다. 인공지능의 도입과 활용으로 인한 광고 회사 비즈니스 모델의 중요한 변화 양상은 다음과 같다.

첫째, 광고 회사는 광고의 기획과 제작 중심에서 벗어나 문제 해결책의 제공자로 대대적인 전환을 시도하고 있다. 전통적인 광고 회사는 브랜드 캠페인을 기획하고 크리에이티브를 제작해서 매체에 집행하는 전방위의 실행자라는 기능에 충실했다. 그러나 인공지능 도구를 활용하기 시작하면서 광고 콘텐츠 제작은 물론 데이터 분석에서도 자동화가 진행되었다. 광고주가 의뢰한 일을 단순히 실행하는 성격의 대행 업무가 앞으로는 의미 없는 일이 될 수밖에 없는 상황에 직면한 것이다. 광고 대행의 필요성이 줄어들게 되자 광고 회사들은 기술과 전략을 통합적 맥락에서 제공하는 전문 컨설팅 기반의 인공지능 해결책의 파트너로 변신하고 있다. 이런 변화는 광고 회사의 가치가 광고 캠페인의 실행력을 넘어서 앞으로는 광고 기술을 바탕으로 하는 전략적 문제의 해결력에 있음을 의미한다.

둘째, 광고 회사는 이전의 프로젝트 중심에서 벗어나

구독형 및 데이터 기반의 서비스로 확대하는 쪽으로 수익 모델을 개편하고 있다. 과거에는 광고 회사가 광고주와 연간 단위로 계약을 맺은 다음, 기획비와 제작비 및 매체비를 포괄한 대행 수수료 수입으로 수익을 창출했다. 그러나 인공지능 도구를 활용하기 시작하면서부터 광고 회사의 서비스가 일회성에 그치기보다 지속적인 서비스로 변화했고, 광고 회사의 수익 구조도 데이터 기반의 의사 결정에 적합한 방향으로 바뀌게 되었다. 앞으로 광고 회사는 광고주에게 각종 정보 서비스를 계속 제공하는 구독형 모델(subscription model)을 확대함으로써 수익의 안정화를 모색할 것이다. 광고 회사는 광고 캠페인을 전개하는 업무를 넘어서 광고주에게 마케팅 커뮤니케이션에 관한 전문적인 서비스를 지속해서 제공하는 공급자로 변화할 것이다.

셋째, 광고 회사는 인력 구조를 재편하며 인공지능 도구를 능수능란하게 다루는 사람을 핵심 인재로 키우고 있다. 이제, 광고 회사에서는 광고 캠페인 기획자(AE), 디자이너, 카피라이터, 미디어 플래너 외에도 데이터 전문가나 프롬프트 엔지니어 같은 광고 기술 전문가를 중용한다. 생성형 인공지능을 활용해 콘텐츠를 기획하고 보완하는 인공지능 콘텐츠 매니저, 원하는 결과를 도출할 명령어를 설계하는 프롬프트 디자이너, 다양한 마케팅 도구를 조합해 전략을 수립하는 마테크(MarTech) 전문가는 새로운 직무 유형이다. 광고 회사의 조직 구조는 기존의 팀 단위 운영에서 인공지능 과업 중심의 소규모 프로젝트 방식으로 바뀌고, 기획자와 개발자가 함께 일하는 크로스 기능 조직으로 구조가 바뀌고 있다. 인공지능 도구는 일자리를 없애기보다 새로운 역할과 직무를 창출하며 광고 회사의 역량을 다층화할 것이다.

넷째, 광고 회사와 광고주의 관계 설정도 결과 중심에서 실시간 협업 중심으로 달라졌다. 과거에는 광고주가 광고 회사에 광고 캠페인을 맡기는 방식이었지만, 인공지능 도구를 활용하기 시작하면서부터는 광고주가 전략 수립과 실행 과정에 함께 참여하는 방식으로 업무 패턴이 달라졌다. 이제는 광고주와 광고 캠페인 기획자가 실시간으로 데이터 대시보드에 접속해 광고 캠페인의 진행 과정을 실시간으로 투명하게 관리할 수 있게 됐다. 프롬프트를 작성해 콘텐츠를 생성하는 과정도 함께 설계할 수 있기에, 캠페인의 결과 보고서를 작성하는 일보다 실시간 협업과 조율이 광고 회사와 광고주의 관계에서 더 중요해졌다. 앞으로 광고 캠페인 기획자는 실시간으로 협업하고 조율하는 프로젝트 매니저(PM)로서의 역량을 발휘해야 하며, 광고 회사는 투명성과 신속성을 무기로 광고주에 대한 서비스를 강화해야 한다.

다섯째, 광고 회사는 생존 경쟁에서 살아남기 위해 인공지능 친화적인 조직 문화로 전환하고 있다. 인간의 창의성과 인공지능 자동화의 경계가 모호해졌고, 대기업의 인공지능에 대한 투자와 시장 지배력이 강화됐다. 이에 따라 인공지능 도구는 기존에 예상할 수 없었던 방식으로 예측 불가능한 영향을 광고 시장에 미치고 있다. 언론 보도에서는 인공지능 도구의 일상화로 인해 검색엔진최적화(SEO, Search Engine Optimization)에 비해 오프라인에서 소비자의 수다 떨기(schmoozing)가 브랜드 캠페인에 더 효과적인 방법이라고 전망하기도 했다(The Economist, 2025). 따라서 앞으로 광고 회사의 지속 가능성은 '인공지능 도구를 도입했는가?'의 여부가 아니라, 조직 문화 전체가 '얼마나 빠르게 기술 중심의 사고로 전환되었는가?'에 달려 있다고 할 수 있다. 따라서 광고 회사의 모든 임직원이 인공지능 도구의 활용 능력을 높이고, 인공지능 친화적인 광고적 실험을 시도할 필요가 있다.

광고 회사의 미래 경쟁력은 인공지능 기술을 단순히 활용하는 수준을 넘어, 그 기술을 문화 자산으로 키우는 역량에 달려 있다. 디지털 미디어가 오프라인의 생활공간을 점유한 상황에서, 소비자 의사 결정 여정(CDJ, Customer Decision Journey)을 고려하는 문제도 중요한 화두로 떠올랐다. 전통적인 마케팅 환경에서는 제조 회사 중심으로 '생산 → 광고 → 유통 → 구매 → 고객 관리'라는 단계로 마케팅 과정이 분리됐지만, 디지털 마케팅 환경에서는 데이터 기반의 플랫폼에서 소비자 중심으로 '고객 유입 → 체류 → 전환 → 구매 → 확산'이란 단계에 따라 마케팅 과정이 흘러간다. 이때 광고 메시지를 개인 맞춤형으로 정교화할 필요가 있다. 인공지능은 광고 회사에 위기를 조장하기보다 기회를 제공할 것이다. 광고 캠페인을 위임받는 조직에서 제안하는 조직으로, 광고물을 제작하는 조직에서 본질적인 문제를 해결하는 조직으로, 앞으로 광고 회사는 인공지능에 의한 격변의 시기를 슬기롭게 헤쳐 나갈 것이다.

광고인으로서 어떻게 살아남아 성장할까

인공지능 도구는 광고 회사의 기획, 제작, 집행, 분석 업무의 전반적 과정을 크게 변화시켰다. 카피라이터 입장에서만 봐도, 생성형 인공지능 도구는 카피라이팅 과정을 획기적으로 바꾸는 데 영향을 미쳤다. 챗GPT

(ChatGPT), 아이작(AISAC), 뤼튼(wrtn), 겟지니(Get Genie), 재스퍼(Jasper), 카피스미스(CopySmith), 카피.에이아이(copy.AI) 같은 창작 도구에 접속해 핵심어를 입력하고 관련 카피를 써 달라고 요청하면 수많은 광고 카피가 순식간에 쏟아져 나온다. 이제, 인공지능 도구는 편리한 기술적 혜택을 넘어 광고 산업의 기본 구조와 광고 직무의 본질까지 재정의하게 만드는 변화의 아이콘이 되었다.

양방향 데이터 분석 역량과 소비자에 대한 실시간 대응 영역이 확대되는 상황에서, 광고인들은 기존에 해 오던 전통적인 업무(광고 영업, 광고 기획, 광고 창작, 미디어 분석)는 기본으로 해야 할 것이다. 앞으로는 기존의 업무와는 별개로 실시간 효율성을 반영해 광고 소재를 바꾸고 노출 매체를 변경하는 광고 집행 역량, 소비자 행동에 관한 빅데이터를 분석하는 데이터 분석 역량, 광고 기술을 적용해 실시간으로 해법을 제시하는 솔루션 운영 역량을 광고인들이 추가로 개발하고 보강해야 한다.

인공지능 기술이 발달함에 따라 디지털 시대의 광고 영토는 갈수록 확장되고 있다. 기존의 광고 크리에이티브에서는 '무엇을 말할 것인가'와 '어떻게 말할 것인가'를 중시했다면, 디지털 광고에서는 '어떻게 보여 줄 것인가

(How to show)'와 '어떻게 만져지게 할 것인가(How to be tangible)'의 문제가 중요해졌다. 소비자들은 필요에 따라 능동적으로 광고물을 선택하고, 이미 봤던 영상 광고물을 언제든 다시 찾아볼 수 있고, 다시 보기를 하거나 멈춰 보기를 하며, 원하는 제품이나 서비스를 직간집직으로 경험해 볼 수도 있다. 이런 과정을 거쳐 브랜드 메시지는 소비자들이 직간접적으로 경험할 수 있는 '만져지는(tangible)' 메시지로 변하며, 전통 매체의 광고가 지녔던 메시지의 휘발성이라는 한계를 상당히 극복할 수 있었다(전훈철, 2022). 인공지능 기술이 발달하면 할수록 기존 광고의 한계와 약점에 해당하는 부분도 현저히 개선될 것이다.

인공지능 기술이 고도화될수록 광고 분야의 방향 전환도 계속될 수밖에 없다. 그동안 축적된 미디어와 메시지에 대한 논의도 이제는 디지털 공간에서의 플랫폼과 콘텐츠라는 이슈로 진화했다. 소비자 행동과 감정에 맞춘 콘텐츠를 자동으로 생성하는 초개인화(hyper-personalization)가 일상화되었다. 광고 회사도 광고 기획부터 시작해서 미디어에 광고물을 노출하던 과거의 스타일에서 벗어나, 인공지능이 소비자의 반응에 따라 광고 전략을 조정하는 실시간 반응 위주의 실행 캠페인으로 전환되었다. 광고 회사의 비즈니스 모델은 플랫폼 구조로 이동하고, 광고 전략은 데이터 분석으로 대체되고, 광고 크리에이티브의 패러다임도 달라질 것이다.

인공지능 도구는 인간만이 가능하다고 생각해 오던 상상력과 창의성의 영역에도 깊은 자취를 남겼다. 그동안 광고 창작자들은 창의적인 광고물은 사람만이 만들 수 있다고 생각했고 또 그렇게 되기를 기대했지만, 인공지능이 인간의 오판을 알려 주는 데는 그리 오랜 시간이 필요하지 않았다. 인공지능의 기계학습 기술은 소비자의 개인별 특성과 관심사를 분석해 광고 유형, 광고 메시지, 광고 매체, 게재 위치, 노출 범위까지 알려 주고 선택할 대안까지 제시해 준다. 결국 광고 창의성의 영역에서도 크리에이티브의 효율성을 높이려면 인공지능 도구의 도움이 필요하다는 인식이 보편화되었다.

광고 산업계에서는 소셜미디어에 올라온 소비자의 반응을 실시간으로 분석해, 인공지능 도구가 그에 적합하게 카피를 수정하거나 이미지를 실시간으로 교체하는 동적 크리에이티브의 최적화(DCO, Dynamic Creative Optimization) 전략도 이미 보편화되었다(Li & Yang, 2024). 광고 창작자들이 인공지능 도구를 활용하는 목적은 아이디어 발상 과정에서 더욱 다양하고 기발한 아이디어를 얻기 위해서이거나 광고 목표에 최적화된 광고물을 창작하기 위해서다. 소비자 심리와 브랜드 자산에 적합한 광고 아이디어를 도출하는 과정에서 인공지능 도구를 활용한다면 관련되는 초벌 아이디어를 두루 수집할 수 있다. 광고인들이 관행적으로 해 오던 일상의 반복 작업은 인공지능에 맡기고 전략적 판단과 감성적 설계는 사람이 담당한다면, 인간과 인공지능의 협업 구조와 공존 모델이 자리 잡을 것이다.

인공지능 도구가 광고 회사의 기획, 제작, 집행, 분석 업무의 전반적 과정을 크게 바꾸고 있는 격변의 시기에 광고 회사의 실무자와 예비 광고인에게 가장 중요한 질문은 이것이다. "나는 앞으로 어떤 역량을 갖춰야 살아남고 성장할 수 있을까?" 인간 지능(human intelligence)이 배제된 인공지능은 사람을 바보로 만드는 위험한 도구가 될 수 있다는 경고도 있었고, 인공지능은 어디까지나 도구에 불과하다는 주장도 타당하지만, 변화는 이미 시작되었고 선택은 광고인 여러분의 몫이다. 이제, 인공지능 도구는 광고 산업의 기획-제작-집행-분석 과정 전반을 바꾸는 데서 나아가, 광고인의 직무를 다시 정의하고 산업의 더 넓은 가능성을 열어 주는 광고 산업 촉진자의 기능을 할 것이다. 변화는 이미 시작되었고, 변화의 발걸음은 멈추지 않을 것이다.

양손잡이형 광고인으로 직무 재정의

인공지능 도구가 똑똑한 조력자인 것은 분명하지만, 광고 창의성과 통찰력 측면에서는 분명 한계점도 많다. 인공지능이 아군인지 적군인지 가늠하기 어려운 '개와 늑대의 시간' 같은 과도기를 지나오면서 검색의 시대도 서서히 저물고 '질문'하는 능력이 더욱 중요해졌다. 이런 상황에서 김종현 제일기획 사장은 인공지능과 창의성의 균형이란 축을 바탕으로 광고 회사의 유형을 네 가지로 구분했다. 창의력은 뛰어나지만 인공지능의 활용에는 소극적인 '고독한 장인형(the lonely craftsman)', 인공지능 자동화에만 의존해 콘텐츠는 많지만 영혼 없는 결과물만 양산하는 '영혼 없는 공장형(the soulless factory)', 인공지능 도입도 창의적 역량도 부족해 시장에서 가장 먼저 도태될 가능성이 높은 '공룡형(the dinosaur)', 인공지능의 효율성과 인간의 창의성을 동시에 활용하는 '양손잡이형(the ambidextrous)'이 네 가지 유형이다(김종현, 2025).

앞으로 광고인들은 자신이 속한 조직이 어떤 유형인지 고민하고 해법을 찾는 것이 시급한 당면과제다. 광고 회사의 형편에 알맞게 조직을 개편해야겠지만, 가급적 인공지능의 효율성과 인간의 창의성을 조화롭게 추구하는 양손잡이형 광고 회사를 지향하는 것이 바람직할 것이다. 또 광고인들은 인공지능 도구로 인해 창의성의 수준이 저하될 가능성도 주의 깊게 살펴봐야 한다. 인공지능 도구를 활용하면 분명 효율성이 높다. 하지만 크리에이티브 결과물 전체가 유사해져 집단적 창의성이 평균화되는 모델 컬랩스(model collapse) 현상이 나타날 가능성이 크다. 상황이 이렇기에 평균의 범주에서 벗어난 도전적이고 창의적인 아이디어 발상을 시도하고, 놀라운 브랜드 캠페인을 전개하려는 인간 광고인의 노력과 열정이 무엇보다 중요하다.

인공지능 시대에 당신은 어떤 광고인이 되고 싶은가?

참고문헌

김종현(2025.8.27). "양손잡이형 에이전시: AI와 인간 창의성의 조화(The Ambidextrous in the AI Era)". 2025 부산국제마케팅광고제(MAD STARS 2025) 기조연설.

전훈철(2022). "디지털 광고의 창작". 김병희 외. 《디지털 시대의 광고 크리에이티브 신론》, 335~361쪽. 학지사.

Li, G. & Yang, X.(2024). Two-Stage Dynamic Creative Optimization under Sparse Ambiguous Samples for e-Commerce Advertising. *SN Computer Science*, pp.1~21.

The Economist(2025.6.19). What the 'Cockroaches' of the Ad World Teach about Dealing with AI. The Economist. https://www.economist.com/leaders/2025/06/19/what-the-cockroaches-of-the-ad-world-teach-about-dealing-with-ai

01
AI와 광고 캠페인 기획자

광고 캠페인 기획자는 광고 캠페인을 기획하고 광고 전략을 수립하는 광고 회사의 핵심 인력이다. 브랜드의 문제점을 진단하고, 문제 해결을 위한 광고 캠페인 전략을 수립하는 것이 이들의 주요 업무였다. 하지만 디지털 기술이 급격히 발전하자 광고 캠페인 기획자에게 요구되는 역량은 전략적 기획력에서 데이터 기반의 전략적 판단력으로 이동했다. 인공지능 기술은 광고 캠페인 기획자의 업무 환경과 사고 체계를 획기적으로 변화시키고 있다.

기후 위기와 인공지능?

인공지능이 광고 전략에 미치는 영향

광고 기획자(AE, Account Executives)는 광고 캠페인 전략을 기획하는 전략 전문가다. 기존의 광고 기획에서는 광고 전략을 수립하고 크리에이티브 팀과 협업해 창의적인 광고물을 제작해 효과적인 미디어에 노출하는 의사 결정이 중요했다. 그러나 인공지능 도구가 등장한 이후부터는 광고 캠페인 기획자의 역할이 근본부터 달라지고 있다. 인공지능 도구는 광고 캠페인 기획자에게 전략적 사고의 방향을 데이터 기반으로 바꾸게 하는 데 결정적인 영향을 미쳤다. 인공지능 기술은 누가, 언제, 어디에서, 어떤 메시지에 반응할 것인지도 구체적으로 알려 주기 때문에, 바야흐로 광고 전략의 방향성을 빅데이터가 결정하는 시대로 변화했다고 진단할 수 있겠다(김병희, 2024).

기존의 광고 캠페인 기획은 기획자의 경험과 직관에 의존하는 경향이 강했다. 광고 캠페인 기획자는 캠페인 목표의 정의, 타깃 설정, 전략 수립, 캠페인 실행 같은 여러 업무를 맡고 있다. 광고 기획을 정량적이고 체계적인 예측 과정으로 대체한 인공지능 도구는 단순한 정보 제공을 넘어서 광고 전략을 수립하는 모든 과정을 자동화하고 구조화하는 데 결정적인 영향을 미친다. 광고 캠페인 기획자는 인공지능 도구가 생성하는 소비자 행동 자료를 참고해 개인 맞춤형 전략을 수립할 수 있다. 기계학습 기반의 예측 모델은 광고 효과에 관한 기존의 데이터, 소비자 행동 자료, 경쟁사 동향을 학습해서 최적의 타깃과 메시지 및 광고 노출의 시점을 일러 주는 것은 물론, 소비자의 구매 가능성이나 광고에 대한 예상되는 반응을 사전에 분석함으로써 광고 캠페인의 방향을 결정하는 데 도움을 준다.

인공지능 도구를 활용하면 과거의 캠페인 자료를 바탕으로 효과적인 광고 전략을 어떻게 수립할 것인지에 대한 통찰력도 얻을 수 있다. 인공지능이 제시한 결과를 바탕으로 의사 결정을 하면 광고의 도달 범위를 극대화하는 동시에 불필요한 예산 낭비를 줄일 수도 있다. 여러 광고 회사에서는 구글 클라우드(Google Cloud) 인공지능 플랫폼, 어도비 센세이(Adobe Sensei), 아이비엠 왓슨 애드버타이징(IBM Watson Advertising) 같은 인공지능 도구를 활용해 핵심 소비자에 대한 예측 모델을 확인할 수 있다. 구글 클라우드 인공지능 플랫폼은 수백만 건의 검색 자료와 소셜미디어 추이를 분석해 실시간 추세의 변화에 대응할 전략 방향을 제시한다. 어도비 센세이는 온라인 광고 캠페인의 효과에 관한 데이터를 바탕으로 효과적인 콘텐츠 유형과 채널 및 시간대를 제안함으로써 광고 캠페인 기획자의 의사 결정을 도와준다. 아이비엠 왓슨 애드버타이징은 날씨, 시간, 지역, 심리 상태에 따른 소비자 반응 자료를 제시하며 각각의 상황에 적합한 광고 메시지의 최적화 결과를 추천해 주기도 한다 (IBM, 2025).

광고 캠페인 기획자는 광고 기획서를 작성할 때도 인공지능의 도움을 받을 수 있다. 생성형 인공지능에 기획서의 초안을 작성해 달라고 요청하면 초안을 작성하는 시간이 기존에 비해 60% 이상 단축된다. 아이디어 발상 단계에서도 인공지능은 경쟁사 분석, 유사 캠페인 사례의 요약, 핵심어 추출 같은 정보를 제공해 준다. 시장 조사 단계에서는 인공지능 기반의 소셜 청취(social listening) 도구인 스프링클러(Sprinklr)나 브랜드워치(Brandwatch)를 활용해 엄청난 물량의 소셜미디어 게시글, 블로그, 관련 기사를 실시간으로 분석하고 주요 감정의 흐름과 쟁점을 정리할 수 있다. 스프링클러는 소셜미디어 데이터를 바탕으로 핵심어와 감정 분석 결과 및 해시태그의 연관성에 따라 타깃을 정의해 주며, 브랜드워치는 브랜드 관리 활동의 모니터링 결과와 소셜 청취 서비스를 제공해 준다.

인공지능 도구를 활용하면 전통적인 설문조사를 실시할 때보다 비용과 시간을 대폭 줄일 수 있고, 소비자 의견을 더 폭넓게 반영할 수 있다. 글로벌 광고 회사 오길비(Ogilvy)는 브랜드워치를 활용해 어떤 브랜드를 론칭하기 전후의 감성 추세를 분석하고 인공지능 도구가 알려 준 대로 메시지 전략을 조절한 결과, 브랜드에 대한 호감도를 12%나 높일 수 있었다. 국내 광고 회사 HS애드는 통합 마케팅 인공지능 플랫폼인 대시X(DASH X)를 활용해서 광고주가 입력한 캠페인 목표와 타깃 자료를 바탕으로 미디어 믹스를 실행한 결과, 광고 기획서 초안을 작성하는 시간을 60% 이상 단축했다.

인공지능에 의한 자동화의 기대 효과

광고 기획의 과정은 캠페인 기획자의 성향에 따라 다를 수 있지만 대체로 일관된 흐름을 거친다. 상황 분석, 문제점 진단, 기회 요인의 발견, 광고 전략 수립, 애드 브리프 작성, 애드 브리프를 바탕으로 표현 전략의 수립, 미디어 전략의 수립, 광고 기획서 작성, 광고 기획안에 대한 프레젠테이션 같은 흐름을 거쳐 광고 기획이 완성된다. 디지털 시대의 미디어 환경을 고려한다면 캠페인 기획자의 판단에 따라 광고 기획의 과정에서 디지털 광고 전략을 별도로 고려할 수도 있다(김병희, 2023).

기획서를 작성하는 일은 광고 캠페인 기획자의 핵심 업무다. 기존에는 기획자가 기획서 초안을 손수 작성해야 했지만, 생성형 인공지능 도구에 초안 작성을 맡기면 되니 앞으로 기획자의 역할은 '아이디어 설계자'로 재정의할 수 있다. 챗GPT는 광고주가 제공한 브리프를 바탕으로 캠페인 목적에 적합한 광고 전략이나 크리에이티브의 방향성을 신속히 제시해 준다. 인공지능 도구는 기획서의 초안을 작성할 때 유사한 캠페인의 과거 사례를 요약해 주고 핵심 전략까지 제시해 주기 때문에, 광고 캠페인 기획자는 다른 일을 하거나 더욱 창의적인 업무에 집중할 수 있는 시간 여유도 확보하게 된다.

인공지능 도구는 소비자 조사의 효율성을 극대화하는 데도 도움을 준다. 설문조사, 일대일 심층면접, 초점집단면접(FGI) 같은 전통적인 조사 방법은 나름대로 장점이 많지만, 시간과 비용이 많이 들고 최신성이 떨어지는 한계가 있었다. 반면에 인공지능 도구는 실시간 데이터를 바탕으로 자연스럽게 의견을 수집하고 분석할 때 많은 도움이 된다. 예컨대, 소셜 청취 도구인 스프링클러나 브랜드워치 같은 도구를 활용하면 여러 채널에 올라온 핵심어를 추적해 감정 반응과 선호도 및 이슈의 흐름을 파악할 수 있다. 감성 분석, 핵심어 클러스터링, 연관어 분석에서 광고 메시지의 정서적 방향성과 문화적 맥락을 정확히 알 수 있다. LG전자 글로벌 캠페인 팀은 브랜드워치를 활용해 신제품 출시 전후의 소셜 반응을 분석한 결과에 따라 국가별로 차별화된 광고 메시지를 노출했다. 인도 광고에서는 현지인이 중요하게 여기는 '내구성'이란 핵심어를 강조함으로써 브랜드에 대한 호감도를 15%나 높였다.

나아가 인공지능 도구를 활용해 광고 캠페인의 결과 보고서도 자동으로 작성할 수 있다. 광고 캠페인이 끝난 다음에 결과 분석 보고서를 작성하는 일은 광고 캠페인 기획자에게 반복되는 일상 업무인데, 꽤 많은 시간을 써야 했다. 앞으로는 자연어 생성형(NLG, Natural Language Generation) 인공지능의 도움을 받는다면 결과 분석 보고서를 작성할 때 도움이 될 것이다. 광고 캠페인 기획자는 복잡한 지시문을 작성하고 개발자의 도움 없이도 쉽게 원하는 데이터를 조회하고 분석해 여러 보고서를 제공해 주는 구글 애널리틱스4(GA4, Google Analytics 4)를 비롯해, 수집한 데이터를 자유자재로 시각화하는 태블로(Tableau) 같은 인공지능 도구를 활용해서 보고서의 초안을 얻을 수 있다.

자연어 생성 인공지능을 활용하면 수치 자료를 텍스트 형태의 요약 보고서로 작성해 주기 때문에 광고 캠페인 기획자의 보고서 작성에 크게 도움이 된다. 인공지능 도구를 활용하면 기존에 6시간 걸리던 보고서 작성 시간을 20분으로 단축할 수 있다. 로봇 저널리즘의 선구자 격인 워드스미스(Wordsmith)를 비롯해 내러티브 사이언스(Narrative Science)의 퀼(Quill)은 자동 뉴스 생성 도구이지만, 광고 효과에 관한 자료를 입력하면 인공지능이 그 내용을 인식해 광고 캠페인의 결과 보고서를 자동으로 작성해 준다. 인공지능에 의한 자동화는 시간을 절감하는 차원을 넘어 데이터 기반 보고서의 일관된 기준을 제공하기 때문에, 광고 캠페인 기획자는 광고주로부터 전문성을 인정받고 신뢰감을 얻을 수 있다.

오만과 태만 사이의 가치사슬 정립

인공지능 도구는 광고 캠페인 기획자의 여러 업무를 도와주지만, 인간 광고 캠페인 기획자의 역할과 판단력은 여전히 가장 중요하다. 인공지능이 생성하는 데이터의 숫자는 중요하다. 그렇지만 그 의미와 맥락을 해석해서 브랜드 자산으로 연결하는 시도는 사람만이 할 수 있다. 예컨대, 인공지능이 제시한 슬로건이 소비자의 감정 반응을 유발할 가능성이 높을지라도, 그 슬로건이 브랜드 이미지와 맞지 않거나 사회문화적 가치관에 어긋날 수도 있다. 따라서 광고 캠페인 기획자는 인공지능의 분석 결과를 비판적으로 검토하고, 자기 경험과 지혜를 바탕으로 현실적으로 타당한 의사 결정을 해야 한다.

창의적 사고와 비판적 사고를 바탕으로 해석과 통합의 전문가로 진화해 나가려는 역량 개발은 광고 캠페인 기획자에게 필요한 시급한 요건이다. 인공지능이 광고 캠페인 기획자의 업무 효율을 높이는 데 도움을 주는 것은 분명하지만, 이제 광고 캠페인 기획자는 인공지능이 도출한 데이터를 지혜롭게 해석해 브랜드 자산을 강화하는 '전략 해석자'가 되어야 한다. 마치 교향악단의 지휘자가 인공지능 악기와 협연하면서도 자신이 해석한 음악을 완성하기 위해 모든 연주자의 감정선을 조절하는 능력과도 비슷하다. 중요한 사실은 인공지능이 제시한 데이터나 분석 결과가 정답이 아니라는 점이다. 광고 캠페인 기획자의 직관과 경험 그리고 데이터의 해석 능력은 여전히 가장 중요하다고 할 수 있다.

앞으로 광고 캠페인 기획자들은 '인공지능 친화적 기획자'와 '인공지능 회피적 기획자'라는 두 집단으로 구분될 것이며, 두 집단 간의 생산성 격차는 점점 더 벌어질 것이다. 결국 광고 캠페인 기획자는 인공지능과 협력하는 복합형 전략 전문가로 진화해 나가야 한다. 데이터를 바탕으로 예측하고, 효율적으로 기획서를 작성하고, 실시간으로 반응을 분석하며, 정량적 지표에 따라 캠페인의 효과를 보고하는 역량은 이제 선택이 아닌 필수가 되었다. 광고 캠페인 기획자의 판단력을 보조하는 인공지능 도구를 활용해 어떻게 통찰력을 더하느냐에 따라 광고 전략의 성패가 달라질 것이다. 광고 캠페인 기획자는 통찰을 '느끼는' 사람에 더 이상 머무르면 안 되고, 데이터를 통해 전략을 '설계하는' 사람이 되어야 한다.

인간이 인공지능에 지배당할 것인지 아니면 인공지능과 공존할 것인지에 대한 논쟁은 이제 무의미해졌다. IBM의 최고경영자인 지니 로메티(Ginni Rometty)는 인공지능 시대에는 블루칼라도 화이트칼라도 아닌 '뉴 칼라(New Collar)' 계층이 떠오른다고 했다. 뉴 칼라란 인공지능을 이해하고 관리하고 활용할 줄 아는 사람이다. 다시 말해서 인공지능을 활용하는 사람만이 앞으로 더 나아갈 수 있다는 뜻이다. 인간의 상상력을 전제하지 않고 인공지능만 신뢰하는 것은 오만이며, 인간의 상상력만 신뢰하고 인공지능을 활용하지 않는 것은 태만이다(김병희, 2021). 오만과 태만 사이에서, 인간과 인공지능의 가치사슬 체계를 정립하는 문제가 정말로 시급해졌다.

참고문헌

김병희(2021). "인공지능이 바꾼 광고세상". 《디지털 시대의 광고 마케팅 기상도》, 29~44쪽. 학지사.

김병희(2023). "광고기획의 개념과 광고기획의 과정". 김병희 외. 《디지털 시대의 광고기획 신론》, 19~49쪽. 학지사비즈.

김병희(2024). "AI가 바꾸는 광고PR 카피라이팅". 김주영 외. 《AI가 바꾸는 광고와 PR: 기획부터 윤리까지》, 121~156쪽. 이프레스.

IBM(2025). IBM Watson Advertising. https://newsroom.ibm.com/IBM-watson-advertising?item=30279

02
AI와 광고 카피라이터

광고 카피라이터는 한 줄의 카피를 쓰기 위해 수많은 단어를 고르고, 문맥을 고민하고, 여러 차례에 걸쳐 수정을 거듭한다. 인공지능 도구는 기존의 카피라이팅 과정을 근본부터 변화시켰다. 인공지능은 카피라이터의 창의성을 보완하는 동시에 카피 창작 과정의 효율성을 높이는 저작 도구로 자리 잡았다. 생성형 인공지능 저작 도구는 앞으로도 카피라이팅의 모든 과정을 혁신하고, 카피라이터의 역할과 창작 방식에서 변화를 앞당길 것이다.

노래하는 AI 보컬?

자동화된 환경에서 창의적인 카피 쓰기

인공지능 도구는 광고 크리에이티브의 시작부터 끝까지 모든 과정을 바꾸고 있다. 생성형 인공지능은 광고 창작자의 업무량을 줄여 주고 창작 과정에서 창의성을 발휘하도록 도움을 주는 광고 창작의 파트너로 자리 잡았다(Vakratsas & Wang, 2020). 광고 카피라이터가 카피를 쓸 때 인공지능 창작 도구를 활용하면 제품과 소비자 그리고 시장에 관한 기초 자료를 확보할 수 있기에, 카피라이터의 시간을 절약하는 데 결정적인 영향을 미친다. 인공지능 창작 도구가 광고 카피라이터의 업무에서 구체적으로 어떻게 도움이 되는지 살펴보자(김병희, 2024).

첫째, 인공지능 창작 도구는 아이디어 발상 과정에 도움을 준다. 카피라이터들이 크리에이티브 문제로 고민하는 과정에서 초벌 아이디어를 빨리 얻고 싶을 때 생성형 인공지능을 활용하면 구체적인 도움을 얻을 수 있다. 예컨대, 환경을 사랑하는 브랜드를 알리는 슬로건의 아이디어를 찾아 달라고 하면 인공지능 카피라이터는 "지구를 위한 선택"이나 "지구를 위한 한 걸음" 같은 슬로건 초안을 생성해 줄 것이다.

둘째, 인공지능 창작 도구는 카피 스타일을 수정할 때 도움을 준다. 인공지능을 활용해 진지한 느낌의 카피를 쓰거나 경쾌하고 활기찬 느낌의 카피를 쓸 수 있다. 인공지능 카피라이터에게 진지한 느낌의 카피를 써 달라고 하면 "고품질의 원재료를 활용해 만든 제품"이라는 카피를 써 주고, 경쾌한 느낌으로 카피를 써 달라고 하면 "즐거움이 두 배. 재료의 품질부터 다릅니다"라는 초벌 카피를 써 줄 것이다.

셋째, 인공지능 창작 도구는 카피라이터가 수많은 자료를 분석한 결과를 바탕으로 카피를 쓸 때도 구체적인 도움을 준다. 생성형 인공지능은 카피라이터의 요청에 따라 수많은 자료를 신속히 분석해서 핵심 정보로 요약해 줄 것이다. 예컨대, 어떤 제품의 특성, 소비자들의 제품 평가, 최신 추세 같은 정보를 알려 주면 인공지능 카피라이터는 "최신 경향에 맞춘 X브랜드의 매혹" 같은 카피를 곧바로 써 줄 것이다.

이 밖에도 인공지능 창작 도구는 크리에이티브 과정에서 속도를 내고 다양한 아이디어를 얻을 때도 도움이 된다. 인공지능 카피라이터는 사람 카피라이터가 크리에이티브 업무를 하는 과정에서 시간을 대폭 절약해 준다. 인공지능 창작 도구가 제공해 주는 다양한 정보를 광고 산업의 여러 분야에서 활용할 수 있는데, 가장 대표적인 분야가 콘텐츠 생성에 관한 업무다. 어떤 콘텐츠가 필요할 때는 인공지능 창작 도구를 다음과 같이 두루 활용할 수 있다.

첫째, 개인 맞춤형의 콘텐츠가 필요하다면 인공지능 창작 도구를 활용할 수 있다. 인공지능 도구는 소비자의 개인적인 선호와 행동 패턴을 분석해 개인 맞춤형의 광고 카피를 쓰는 데 도움을 준다. 예컨대, 소비자가 이전에 어떤 제품을 구매했는지 혹은 어떤 종류의 광고에 반응했는지 같은 기존의 여러 자료를 분석한 다음 최적의 광고 카피를 생성해 준다.

둘째, 광고 메시지에서 초벌 카피가 필요하다면 인공지능 창작 도구를 활용할 수 있다. 인공지능 창작 도구는 이미 수집한 빅데이터를 분석해 광고 카피를 생성해 준다. 인공지능 카피라이터가 초벌 카피를 생성해 주면 인간 카피라이터는 사람들이 관심을 가질 만한 메시지나 어떤 핵심어를 활용해 자신이 원하는 대로 초벌 카피를 수정해서 쓰면 된다.

셋째, 어떤 이미지와 영상 콘텐츠가 필요하다면 인공지능 창작 도구를 활용할 수 있다. 인공지능 기술이 발달함에 따라 이미지와 영상 콘텐츠를 자동으로 생성할 수 있게 됐다. 인공지능 창작 도구는 소비자의 선호도를 바탕으로 필요한 이미지와 영상을 생성할 수 있고, 주목할 만한 시각적 요소가 포함된 최적의 광고 콘텐츠를 신속히 만들어 주기도 한다.

넷째, 시안을 비교하는 A/B 테스팅을 실행하고자 한다면 인공지능 창작 도구를 활용할 수 있다. 인공지능 창작 도구는 나양한 광고 콘텐츠를 자동으로 생싱하고 서로 비교함으로써 어떤 콘텐츠가 상대적으로 더 효과적인지 판단할 근거를 제시해 주며, 나아가 비교 분석한 정보를 바탕으로 광고 콘텐츠를 새롭게 보완하고 최적화할 수 있도록 도와준다.

다섯째, 최적화된 콘텐츠가 필요하다면 인공지능 창작 도구를 활용할 수 있다. 인공지능 창작 도구는 소비자의 반응을 고려해 광고 내용을 계속 보완하고 수정할 수 있다. 인공지능 카피라이터는 어떤 카피가 좋은 반응을 얻었는지 또는 어떤 시각적 요소가 소비자의 관심을 끌었는지를 분석해 인간 카피라이터가 반영하거나 수정하도록 도와주기도 한다.

인공지능 도구를 활용한 카피라이팅은 단순한 반복 작업의 자동화를 넘어, 창의적 사고를 자극하는 방식으로 진화하고 있다. 카피라이터가 아이디어의 고갈이나 솜씨의 한계를 느낄 때 인공지능 도구의 도움을 받는다면 새로운 출구를 찾을 것이다. 과거에는 카피라이터가 백지상태에서 초벌 카피를 쓰기 시작했다면, 이제는 인공지능이 제안하는 다양한 카피와 콘셉트를 참고하면서 카피를 발전시킬 수 있다. 이처럼 인공지능 도구는 생산성 향상과 창의성 계발이라는 두 마리 토끼를 동시에 잡을 수 있도록 카피라이터에게 도움을 준다. 이런 현상을 자동화된 창의성(automated creativity) 환경에서의 카피 쓰기라고 명명할 수 있다.

인공지능 카피라이팅 도구

인공지능 카피라이팅 도구는 전체적인 글의 주제나 키워드를 바탕으로 학습해 원하는 형식에 맞게 카피를 생성한다. 이러한 도구는 국내외를 통틀어 대략 200여 개가 있는데, 앞으로도 계속 등장할 것이다. 인공지능 카피라이팅 도구 중에서 카피를 쓰는 수준과 카피 생성 가짓수를 기준으로 비교적 주목할 만한 도구는 대략 일곱 가지를 꼽을 수 있다. 간략히 소개하면 다음과 같다(김병희, 2025).

카피라이터는 친숙한 인공지능 도구를 활용하면 된다. ① 챗GPT(ChatGPT)는 카피라이팅에 특화된 서비스는 아니지만, 광고 카피를 쓸 때 다양한 맥락에서 활용할 수 있다. 챗GPT는 글, 카피, 오디오, 이미지 같은 기존의 데이터를 바탕으로 상당한 수준의 카피를 생성하지만 때로는 한국인의 정서와 맞지 않는 카피를 쓰는 때도 있으니, 카피라이터는 카피를 고르는 안목을 키워야 한다. ② 한국방송광고진흥공사(KOBACO)에서 개발한 광고 창작 지원 플랫폼 아이작(AiSAC)은 215만 건 이상의 광고 자료를 학습해 순식간에 카피를 쏟아낸다. 상품과 서비스 범주, 상품과 서비스명, 키워드를 입력하면 아이작이 적절한 광고 카피를 자동으로 생성하며, 생성된 카피는 카피라이터가 직접 수정할 수도 있다. ③ 뤼튼(wrtn)은 한국어 맞춤형 카피라이팅 도구로, 키워드를 입력하면 원하는 카피를 생성해 주는 인공지능 기반의 콘텐츠 생성 플랫폼이다. 간단한 키워드만 입력하면 광고 카피나 블로그 포스팅 같은 목적에 알맞게 초안을 만들어 주며, 마음에 드는 카피를 원하는 대로 복사할 수도 있고, 카피가 마음에 들지 않으면 자동 생성 버튼을 눌러 계속해서 카피를 받아 볼 수 있다.

카피라이터는 여러 도구 중에서 자기 스타일에 맞는 하나를 써도 되고 둘 이상을 써도 무방하다. ④ 겟지니(GetGenie)는 37개 이상의 카피 템플릿으로 다양한 카피를 생성해 준다. 이용자는 바라는 카피 스타일을 간략히 설명하면 된다. 겟지니는 원클릭으로 블로그 게시물을 생성하고, 키워드 조사 및 경쟁사 분석을 위한 심층 데이터를 추출하고, 검색엔진최적화에 적합한 결과물도 생성할 수 있다. ⑤ 재스퍼(Jasper)는 카피라이터의 요구에 따라 소셜미디어 카피, 랜딩 페이지 카피, 이메일 카피, 제품 설명 카피를 써 준다. 카피의 느낌과 방식(tone & manner)을 조절하고, 콘텐츠 템플릿을 50개 이상 제공하고, 다국어의 호환성이 뛰어나다는 점도 재스퍼의 장점이다. ⑥ 카피스미스(CopySmith)는 리드 생성(lead generation: 소비자가 직접 어떤 후기나 정보를 남기는 것)을 반영해 리드를 유료 고객으로 전환하는 카피를 써 주며, 짧은 시간에 상당한 수준의 카피 결과물을 얻을 수 있다. 카피스미스는 지시어가 간단해 쓰기 쉽고 헤드라인, 태그라인, 보디카피 등의 카피를 수정할 수도 있다. ⑦ 카피.에이아이(copy.ai)는 한국어 지원은 못 하지만 영어로 카피를 써야 할 때 유용하다. 글로벌 브랜드의 광고 캠페인에 필요한 영어 카피나 영문 이메일을 작성할 때 특히 도움이 된다. 유료 서비스를 활용하면 25개 언어를 지원받을 수 있고 45개의 카피 템플릿을 제공해 주는 장점이 있지만, 한국어 지원이 안 되고 종종 부정확한 카피를 생성한다는 단점도 있다.

프롬프트 작성과 카피 창작의 변화 양상

카피라이터는 생성형 인공지능을 작동하게 하는 프롬프트 공학(prompt engineering)의 기본 원리를 조금은 알아야 인공지능 도구를 활용해 카피를 쓸 수 있다. 프롬프트란 답을 얻는 데 필요한 입력값이다. 카피라이터는 질문하는 방법에 대한 지침을 고려해 자신이 원하는 프롬프트(질문 내용)를 구체적으로 작성해야 한다. 질문이 구체적이면 구체적일수록 더 구체적인 대답을 내놓는 것이 인공지능이다. 카피라이터는 모호한 프롬프트와 명료한 프롬프트를 구분할 줄 알아야 한다. 인공지능 카피라이터에게 카피를 써 달라고 할 때는 프롬프트 작성 과정에서 다음과 같은 여덟 가지를 검토할 필요가 있다.

카피라이터는 질문 내용을 얼마나 구체적으로 서술했는지 살펴봐야 하고, 생성형 인공지능에 어떤 기능이나 역할을 부여했는지 따져 봐야 하며, 유명인이 잘 쓰는 글쓰기나 말하기의 스타일로 요청했는지 알아봐야 하고, 결과의 포맷을 구체적으로 지정했는지도 점검해야 한다. 나아가 카피라이터는 원하는 답변 내용의 예시를 제시했는지도 검토해야 하며, 인공지능에 결과물을 쓰는 과정(프로세스)을 알려 달라고 요구했는지도 살펴봐야 하며, 문체와 어조를 구체적으로 지정했는지도 따져 봐야 하며, 답변에 대한 자체 검토를 요청했는지도 구체적으로 살펴봐야 한다(김병희, 2025).

한편 아날로그 시대의 카피라이팅과 디지털 시대의 카피라이팅은 공통점도 있지만 차이점도 있다. 두 시대의 광고 카피라이팅에서 공통점은 다음과 같은 다섯 가지다. 소비자 중심의 카피를 지향한다는 점, 명확한 카피 메시지를 선호한다는 점, 창의적인 카피라이팅 능력을 중시한다는 점, 브랜드 메시지를 일관되게 전달하는 카피를 써야 한다는 점, 소비 행동을 유발하는 카피를 써야 한다는 점이 다섯 가지 공통점이다. 이들 공통점은 광고 환경이 변하더라도 변하지 않는 광고 카피라이팅의 핵심 원칙이다. 광고 카피라이팅의 공통점을 바탕으로 카피를 잘 쓰려면 카피라이터는 소비자 심리를 파악해 제품과 서비스의 혜택을 구체적으로 표현해야 한다.

디지털 시대와 아날로그 시대의 광고 카피라이팅에서 대표적인 차이점은 다음과 같은 일곱 가지를 꼽을 수 있다. 데이터의 접근성 여부에서 차이가 있고, 플랫폼의 다양성 여부에서도 차이가 있으며, 수정의 유연성 여부에서도 차이가 있고, 검색의 최적화 여부에서도 차이가 있다. 그리고 상호작용의 가능성 유무에서도 차이가 있고, 측정의 용이성 여부에서도 차이가 있으며, 콘텐츠의 다양성 여부에서도 차이가 있을 수밖에 없다. 카피라이터는 시대별 차이점도 명확히 인식함으로써 자유자재로 자신이 원하는 카피를 쓸 수 있도록 노력해야 한다. 디지털 콘텐츠가 폭발적으로 증가하면서 하루에도 수십 개의 콘텐츠와 수백 개의 핵심이 조합이 요구되는 상황에서, 인간의 역량만으로 대응하는 것은 비효율적이다. 카피라이터는 시대별 카피라이팅의 차이점을 충분히 이해한 다음, 증가한 작업량을 도와줄 인공지능 카피라이터와 협업할 방안을 현실적 맥락에서 모색해야 한다.

참고문헌

김병희(2024). "AI가 바꾸는 광고PR 카피라이팅". 김주영 외. 《AI가 바꾸는 광고와 PR: 기획부터 윤리까지》, 121~156쪽. 이프레스.

김병희(2025). 《광고 카피 빛내 주는 AI》. 커뮤니케이션북스.

Vakratsas, D. & Wang, X.(2020). Artificial Intelligence in Advertising Creativity. *Journal of Advertising, 50*(1), pp.39~51.

03
AI와 광고 디자이너

바야흐로 시각적 표현의 자동화 시대가 열렸다. 광고 디자인은 미적 표현에 그치지 않고 브랜드의 정체성과 캠페인의 핵심 메시지를 한눈에 전달한다. 광고 디자이너는 독창적인 아이디어와 디자인 언어로 창의적인 결과물을 생산해 낸다. 광고 디자인에서 혁신적인 변화가 이루어지고 있는 상황에서, 생성형 인공지능 도구는 디자인 과정의 반복 작업을 줄이고 창의적인 발상과 시각적 실험을 도와주는 광고 디자이너의 동료가 되었다.

인공지능과 편향?

발상에서 시각화까지 디자인의 재구성

창의적 시각 언어 분야에서도 자동화 혁명이 이루어지고 있다. 기존의 광고 디자인은 디자이너가 스케치, 시안 작성, 수정, 피드백의 수용 단계를 거쳐 완성되는 구조였다. 이제는 생성형 인공지능 도구를 활용하면 텍스트만 입력해도 다양한 스타일의 시안이 즉각 생성된다. 인공지능을 활용한 디자인에서 두드러진 변화는 발상의 속도와 아이디어의 다양성이다. 과거에는 디자이너가 손으로 스케치하거나 시각 자료를 참고해 시안을 구상했지만, 이제는 텍스트만 입력해도 다수의 시안을 즉시 생성할 수 있다.

광고 디자인에서는 시각적 아름다움만 추구하지 않는다. 광고 디자인 과정은 브랜드 정체성과 캠페인 메시지 및 소비자의 감성을 결합하는 전략적 선택의 연속이다. 디지털 시대의 광고 디자이너는 급변하는 추세, 방대한 채널, 다양한 포맷에 대응하며 효율성과 창의성을 동시에 추구해야 한다. 인공지능은 자동화 도구를 넘어서 디자이너가 창의적인 시각물을 빠르게 구현할 수 있도록 돕는 새로운 업무 파트너로 부상했다. 광고 디자이너가 활용할 수 있는 인공지능 도구를 몇 가지 소개하면 다음과 같다.

자연어 텍스트를 제시하면 그에 대응해 디지털 이미지를 생성하는 미드저니(Midjourney), 텍스트와 이미지로 몰입감 있는 영상을 편집하고 생성하는 런웨이 엠엘(Runway ML), 디지털 이미지를 생성하는 달리(Dall-E)는 디자이너가 설명하는 대로 스타일, 조명, 컬러 톤, 구도를 반영해 광고 디자인을 생성한다. 예컨대, "Z세대 여성 대상의 패션 광고에 쓸 감성적 콜라주 이미지를 만들어 달라"는 지시문을 미드저니에 입력하면 독창적인 이미지를 생성해 준다. 디자이너는 콘셉트에 적합한 이미지를 활용해 광고 시안을 만들 수 있다. 이렇게 하면 회의 시간을 50% 이상 줄이고 뜻밖의 아이디어를 얻을 수도 있다. 디자이너는 최적의 이미지를 선택해 스타일을 수정하거나 특정 요소만 바꿔 광고 시안을 완성하니 작업 시간이 획기적으로 줄어든다.

어도비 파이어플라이(Adobe Firefly)도 텍스트에서 이미지로의 변환 기능은 물론 배경 제거, 이미지 확장, 스타일 전환 같은 고도화 기능을 바탕으로 디자이너가 손으로 하던 반복 작업을 자동으로 빠르고 정밀하게 처리해 준다. 창의적인 디자인 실험을 가능하게 하는 인공지능은 신속한 작업을 도와주는 도구를 넘어서 디자이너에게 창의적 조합이나 새로운 레이아웃을 실험할 수 있게 한다. 인쇄 매체 광고에서 레이아웃(layout)이란 일러스트레이션, 사진, 헤드라인, 서브헤드, 바디카피, 슬로건, 캡션, 제품 사진, 로고타입 같은 광고의 구성 요소를 배치하는 과정이자 계획이다(김병희 · 허정무, 2009).

사진이나 일러스트레이션의 크기도 광고 주목도에 영향을 미친다고 알려져 있는데(Reid et al., 1984), 이미지를 생성하는 인공지능은 디자이너가 시도하지 않았던 일러스트레이션의 크기, 스타일, 구성, 색채 조합을 제시하며 디자이너의 발상 범위를 확장할 수 있다. 인공지능 도구는 디자이너가 지정한 핵심어를 바탕으로 추상적인 질감과 색상을 조합한 비정형 레이아웃을 제안할 수 있는데, 이와 같은 뜻밖의 제안은 디자이너의 창의력에 참신한 자극제가 될 수 있다.

반복 작업의 자동화와 디자이너의 효율성

광고 디자인 과정에서는 수정 작업에 상당한 시간이 소요되는데, 인공지능 도구를 활용하면 디자인을 반복하는 작업 부담을 크게 줄일 수 있다. 전통적인 인쇄 매체 광고에서도 레이아웃을 조정하는 데 상당한 시간이 필요했지만, 디지털 광고에서도 다양한 크기의 광고물 제작, 폰트와 색상의 변경, 포맷의 맞춤 작업을 하다 보면 디자이너의 노동 강도가 가중되고 시간도 많이 필요했다. 하지만 인공지능 도구를 활용하면 디자인 작업을 자동으로 반복할 수 있으므로, 업무 효율성 측면에서 보면 단위 시간에 따라 결과물의 생산성이 확실히 증가하게 된다.

과거에 배너 광고를 만들려면 배너의 크기에 따라 광고의 크기 조정, 이미지 해상도의 편집, 소셜미디어용으로의 포맷 전환, 대상별 색상의 변경 같은 변형 디자인을 일일이 제작해야 해서 무척 번거로웠다. 하지만 인공지능 도구는 반복 작업을 자동화해 디자이너의 시간을 줄여 주고, 인스타그램, 유튜브 섬네일, 블로그에 필요한 여러 크기의 광고 디자인을 클릭 한 번으로 만들어 준다. 어도비 파이어플라이에 제품 이미지를 업로드하고 지시문을 입력하면, 실제로 쓸 수 있는 이미지를 만들어 주고, 배경 변경, 그림자 추가, 색상 조절 같은 작업도 자동으로 처리한다. 캔바(Canva)의 매직 리사이즈(Magic Resize)를 활용하면 하나의 디자인을 플랫폼에 맞는 크기로 자동으로 변환하며, 포맷에 따라 수많은 배너를 클릭 몇 번으로 완성할 수 있다.

인공지능은 영상 광고 디자인 분야도 변화시켰다. 영상 디자인 분야에서 활용도가 높은 런웨이 엠엘은 자동으로 영상을 편집하고 생성하며, 불필요한 요소를 자동으로 제거하고 동영상 요소를 실시간으로 생성해 준다. 따라서 영상 콘텐츠 제작의 접근성을 크게 높이는 동시에 디자이너의 수작업을 대폭 줄여 준다. 복잡한 영상 편집 도구에 숙달되지 않은 디자이너라도 런웨이 인터페이스를 활용하면 순식간에 원하는 결과물을 얻을 수 있다. 어떤 광고 회사에서는 브랜드 캠페인을 전개하기 위해 디자이너 한 명이 인공지능 도구를 활용해 2주 동안 190개의 배너를 제작함으로써, 시간과 인건비를 기존에 비해 60% 정도 절약했다고 한다.

광고 시안을 단지 빠르게 생성하는 것을 넘어 디자이너에게 새롭고 창의적인 아이디어로 시각적 실험을 가능하게 한다는 점도 인공지능 도구의 장점이다. 과거에 디자이너가 수작업으로 완성하던 질감이나 회화적 느낌 같은 스타일 전환(style transfer)을 이제는 인공지능 도구가 자동으로 구현해 낸다. 똑같은 상품 사진이라 할지라도 인공지능 도구에 인상파, 팝아트, 미래파 같은 각각 다른 스타일로 만들어 달라고 요청하면 그대로 만들어 준다. 디자이너는 목표하는 국가의 문화적 감성에 따라 맞춤형 이미지를 활용하기만 하면 된다.

인공지능 도구는 이미지의 구성은 물론 혁신적인 레

이아웃도 다양하게 제시해 준다. 디자인의 설명 기능을 탑재한 챗GPT 기반의 인공지능 도구인 피그마(Figma)에 "텍스트는 왼쪽에 배치하고, 제품 이미지는 오른쪽에 배치하는 인쇄 광고 디자인을 해 주세요" 같은 지시어를 입력하면, 피그마는 자동으로 구성 요소를 배치하고 추천 색상과 레이아웃을 생성해 낸다. 이렇게 하면 광고 시안을 만드는 데 필요한 시간이 대폭 줄어들고, 디자이너에게는 광고물을 완성하는 데 집중할 수 있는 시간을 벌어 준다.

환경의 진화와 디자이너의 역할 재정의

인공지능 도구는 디자이너 개인의 단독 작업은 물론 팀끼리 협업할 때도 많은 도움이 된다. 단독으로 일하는 사람이 더 이상 아닌 디자이너는 어떤 팀에 소속돼 마케터, 광고 기획자, 카피라이터와 실시간으로 소통하고 결과물을 빠르게 공유하며 일해야 하는데, 이때 인공지능 도구는 업무의 효율성을 높이는 중요한 도구다. 어떤 광고 캠페인을 전개하려면 광고주, 광고 기획자, 카피라이터, 마케터 같은 이해관계자들과 실시간으로 소통하고 여러 차례 의견을 주고받기 때문에, 광고 시안의 수정 과정에서 효율적으로 소통하는 과정은 매우 중요하다.

디지털 채널이 늘어나고 미세 표적화(targeting)를 위한 광고 전략이 증가하면서 디자인 작업량도 기하급수적으로 늘어났다. 여러 플랫폼에 적합한 다양한 디자인이 필요해진 디지털 시대에는 디자이너의 작업량이 폭발적으로 증가할 수밖에 없다. 하나의 광고 캠페인만 하더라도 웹 배너, 소셜미디어 콘텐츠, 오프라인 포스터, 영상 섬네일 같은 20가지 이상의 디자인 파생물이 요구된다. 인공지능은 이러한 작업량 증가에 효율적으로 대응할 수 있도록 도와주기 때문에, 작업량의 증가에도 불구하고 디자이너의 역량과 생산성이 좋아질 수 있다. 템플릿 기반의 자동 변형이나 모듈화된 디자인 구성을 할 때, 디자이너가 전체 구조를 설계하고 나머지를 인공지능에 맡긴다면 품질과 생산성을 동시에 추구할 수 있다. 인공지능 도구를 활용해 기본 템플릿을 설계하고 상품 이미지와 카피를 삽입하는 자동화 기능을 적용하면 광고물을 완성하는 속도도 빨라질 것이다.

인공지능 도구가 널리 활용되면서 디자이너의 소멸에 대해 우려하는 목소리도 있지만, 현실에서는 오히려 디자이너의 역할을 전환하고 발상력을 확장하는 문제가 더 시급하다. 인공지능 도구가 광고 시안을 만들어 주더라도, 브랜드 정체성을 고려한 광고 전략을 바탕으로 소비자 심리에 적합한 시각 언어를 선택하는 것은 전문 디자이너만 할 수 있다. 인공지능이 제안하는 광고 디자인이 양적으로 아무리 풍부하더라도, 브랜드 자산에 적합한 표현인지 사회문화적 추세에 어울리는 표현인지 판단하는 것은 인간 디자이너의 고유한 영역일 뿐이다. 인공지능 기술이 아무리 발전하더라도 인공지능이 디자이너의 일자리를 완전히 대체할 수 없는 이유다.

반복되는 기계적인 작업은 인공지능에 맡기고, 디자이너는 브랜드에 대한 통찰력에 따라 창의적인 아이디어 발상을 하는 브랜드 해석자로 진화해 나가야 한다(Adeleye, 2023). 앞으로는 인공지능 기술의 활용 능력과 함께 브랜드 전략에 적합한 시각적 메시지를 구성하는 통합적 감각이 디자이너의 핵심 역량이다. 디자이너는 인공지능이 생성한 이미지가 사회문화적으로 적절한지 판단하고 윤리적 논란 문제를 예방하는 민감성도 갖춰야 한다. 예컨대, 성별 고정관념을 재생산하거나 특정 문화에 대한 왜곡된 표현을 피하려면 디자이너가 맥락의 의미를 해석하는 능력을 갖춰야 한다. 인공지능이 시각적 자극을 대량으로 생성하는 시대일수록, 무엇을 선택하고 편집할 것인지에 대한 디자이너의 미학적 감각과 디자인 경험이 더 중요해진다. 이제, 광고 디자이너는 기술을 다루는 창의성 전문가로 재정의해야 한다.

참고문헌

김병희·허정무(2009). "제품유형별 레이아웃 형태가 광고효과에 미치는 영향". 《광고학연구》, 20(2), 183~202쪽.

Adeleye, I. O.(2023). The AI Effect: Rethinking Design Workflows for Enhanced Productivity and Creativity. *International Journal of Science and Technology Innovation, 2*(1), pp.1~19.

Reid, L. N. et al.(1984). Attention to Magazine Ads as Function of Layout Design. *Journalism Quarterly, 61*(2), pp.439~441.

04
AI와 광고 미디어 플래너

디지털 광고가 확산하자 미디어 플래닝 전략도 더욱 정교하게 발전하고 있다. 주요 매체를 선택해 단순히 예산을 배분하던 시대는 끝났다. 이제는 수많은 플랫폼과 실시간 데이터를 결합한 다층적 미디어 전략이 필요한 시대다. 복잡한 미디어 환경에서 인공지능은 미디어 플래너의 강력한 동반자가 되었다. 표적화의 정교화, 예산의 최적화, 자동화된 실시간 대응, 고도화된 데이터 분석 등 인공지능 도구는 미디어 전략의 전반을 혁신하고 있다.

청각장애인과 AI?

타깃 세분화와 예산 최적화

광고 캠페인의 성공 여부는 콘텐츠의 창의성 수준으로만 결정되지 않는다. 뛰어난 크리에이티브라도 잘못 노출된다면 효과는 극히 제한적이다. 광고 캠페인의 보이지 않는 설계자로서 핵심적인 역할을 하는 미디어 플래너는 어떤 대상에게, 언제, 어디서, 어떤 미디어를 통해 광고 메시지를 전달할 것인지 미디어 전략을 설계하고, 최적의 예산 집행 방안을 기획하며, 광고 효과를 분석하고 조정하는 전문가다. 그리고 이 모든 과정에 인공지능 도구가 필요하다.

기존의 미디어 플래닝에서는 인구 통계적 특성에 따라 타깃을 구분해 왔다. 인공지능 도구는 디지털 발자국(digital footprint), 관심사, 행동 패턴, 구매 이력, 소셜미디어 활동 결과를 바탕으로 더욱 정교한 표적화를 시도한다. 소비자의 온라인 행동, 콘텐츠의 소비 패턴, 검색어 목록, 구매 전환 경로 같은 정성적 데이터를 실시간으로 수집하고 분석해 더 깊은 통찰력을 제공하는 인공지능은 반응 가능성이 높은 소비자 집단을 계속 학습해 자동으로 표적화한다. 따라서 인공지능 기반의 표적화에서는 소비자 세분화의 정밀도가 가장 중요하다.

구글의 퍼포먼스 맥스 캠페인(Performance Max

Campaigns) 도구를 활용하면 구글의 다양한 인벤토리에 알맞게 최적화해 광고 효과를 극대화한다(Google, 2025). 인공지능 도구는 웹사이트 트래픽, 제품 피드, 소비자 행동에 관한 데이터를 통합적으로 분석해 타깃 세분화를 실시간으로 실행한다. 이 도구를 활용해 검색어의 범위를 최적화하고 확장할 수 있으며, 브랜드 자산을 강화하는 상위 조합을 검토하거나 효율을 극대화할 수 있다. 최적화된 데이터를 인공지능 도구에 입력하면 광고 캠페인을 전개하는 과정에서 더 나은 성과를 기대할 수 있다.

미디어 플래닝을 도와주는 인공지능 도구는 특정 브랜드에 반응할 가능성이 높은 소집단을 자동으로 추출한다. 기계학습 기반의 예측 모델링(predictive modeling) 인공지능 도구는 광고에 대한 반응 가능성이 높은 소비자 집단을 실시간으로 식별하고 재분류하기 때문에 수작업으로 분류할 때보다 효과가 높다. 예컨대, 기존에는 20~30대 여성이라는 포괄적 타깃을 설정해 광고 캠페인을 전개했던 어떤 미용 브랜드가 인공지능 기반의 타깃 분석을 시도한 결과, 친환경 소비 성향에 비건 화장품에 관심이 많고 소셜미디어 리뷰의 신뢰도가 높다는 타깃의 특성이 나타났다. 그에 따라 이 집단을 중심으로 타깃을 세분화한 결과, 광고 클릭률이 30% 향상되었다.

인공지능은 예산 집행의 효율성 향상에도 결정적으로 이바지한다. 과거에는 매체별 광고 단가나 도달률을 기준으로 집행의 우선순위를 판단했다. 이제는 인공지능이 실시간 데이터를 바탕으로 각 채널의 투자 대비 매출액(ROI, Return On Investment)을 분석하고, 예산을 자동으로 다시 배분한다. 각 미디어 채널의 실시간 효과를 분석해 예산을 자동으로 조정해 주는 디지털 광고 구매 플랫폼(DSP, Demand Side Platform)도 있다. 효과가 부진한 채널에는 집행 비중을 줄이고 전환율이 높은 채널에는 즉시 예산을 늘리는 플랫폼을 활용하면, 수작업으로 하던 기존의 미디어 플래닝에 비해 더 높은 광고 효율성을 기대할 수 있다.

실시간 최적화와 24시간 운영 체계

예산은 제한되고 채널은 넘쳐나는 상황에서, 예산을 효율적으로 배분하는 판단력이 중요하다. 인공지능 도구는 채널별로 실시간 효과를 분석하고 예산을 자동으로 배분해 효율성을 극대화한다. 예컨대, 어도비 미디어 옵티마이저(Adobe Media Optimizer)는 투자 대비 매출액(ROI), 전환율, 도달률을 실시간 분석해, 설정된 목표에 따라 입찰가를 조정하거나 높은 효과가 기대되는 채널에 예산을 배분하고 재조정 해주는 디지털 광고 구매 플랫폼(DSP)이다. 이 플랫폼은 사람이 수작업으로 진행하던 효과 기반의 미디어 믹스를 자동으로 최적화하므로 예산 낭비를 줄일 수 있다. 빈도제한설정(frequency capping) 기능을 적용하면 같은 소비자에게 같은 광고가 자주 노출돼 피로감을 유발하는 현상을 방지하므로, 노출 빈도를 적절히 제한하고 광고 예산의 중복 사용을 줄일 수 있다. 소비자의 반응 이력을 바탕으로 설정한 빈도 이상은 노출되지 않도록 상한선을 정해 놓고 노출 빈도의 효율성을 추정해 광고를 최적으로 배치하는 기능이 이 도구의 강점이다.

디지털 광고 캠페인은 시간 단위가 아니라 '실시간' 단위로 전개된다. 소비자 반응도 분 단위로 달라져야 하고 그에 따른 전략 조정도 즉시 이루어져야 하는데, 인공지능 도구는 이를 가능하게 해 준다. 인공지능 도구의 강력한 장점의 하나는 자동화 기반의 '상시 최적화' 기능이다. 미디어 플래너는 특정 시간에만 맞춰 더 이상 캠페인을 전개하지 않는다. 인공지능은 24시간 동안 실시간으로 광고 효과를 추적하고, 조건에 맞춰 자동으로 입찰가, 타깃, 콘텐츠, 캠페인 계획을 조정한다. 광고 플랫폼에

탑재된 인공지능 도구는 광고 효과를 기준으로 자동 입찰가의 조정, 캠페인의 일시 정지, 예산의 재분배 같은 작업을 수행한다. 쇼핑 시즌이나 이벤트 시즌 같은 특별한 상황에서도 인공지능 도구는 소비자 반응 데이터를 빠르게 반영하여 미디어 전략을 조정해 준다.

실시간 입찰의 최적화와 예산의 자동 조정과 최적화를 실현한 구글 애드 스마트 비딩(Google Ads Smart Bidding), 캠페인 예산과 연동해 행동 기반 타깃을 자동으로 추출하고 효율성에 따라 예산을 배정하고 최적화하는 메타 어드밴티지 플러스(Meta Advantage+), 여러 광고 매체의 인벤토리를 한 플랫폼에서 통합 구매할 수 있도록 도와주는 아마존 DSP(Amazon Demand Side Platform)는 인공지능 기반의 실시간 최적화 기능을 탑재하고 있어, 광고의 노출 시간, 입찰가, 타깃 집단을 실시간으로 분석하고 조정해 수익률을 극대화한다. 특히 쇼핑몰이나 앱 다운로드처럼 전환율이 중요할 때는 인공지능 도구가 광고 소재, 타깃, 예산을 동시에 조정해 효율성을 높이기도 한다.

데이터 분석의 고도화와 시각화

미디어 플래너의 역량은 방대한 데이터를 의미 있는 전

략으로 전환하는 시각을 발견하는 데 있다. 인공지능 도구는 데이터를 단순히 수집하는 수준을 넘어서 이를 해석하고 시각화해서 전략적 통찰력을 제공한다. 인공지능 도구는 이제 미디어 플래너의 경쟁자가 아니라 든든한 보조자 역할을 해내고 있다. 생성형 인공지능은 광고 기획서에서 미디어 전략의 초안을 작성하는 데 도움을 주거나, 미디어 운영 전략의 결과 보고서를 작성할 때도 도움을 준다.

예컨대, "Z세대 대상의 광고 캠페인에서 디지털 미디어 믹스 전략을 요약해 주세요"라는 지시문에 대해 생성형 인공지능은 브랜드 전략, 채널 선택, 예산 배분, 주요 성과지표(KPI, Key Performance Indicators)의 설정을 비롯한 문서의 초안을 작성해 준다. 또 미디어 플래너는 프로젝트 관리와 협업에 도움이 되는 클릭업(ClickUp) 도구와 연동해 일정 조정, 예산 승인, 진행 상황 보고 같은 작업을 자동으로 처리할 수 있다. 이렇게 하면 미디어 관계자 사이에서 협업의 효율성을 높이고, 반복 업무를 줄일 수 있으며, 미디어 전략 기획에 집중할 수 있는 시간적 여유를 확보할 수 있다.

구글 애즈의 기여 모델에서 단일터치 기여 모델(Single-touch attribution models)과 달리, 성과가 발생하기 전에 노출된 관련 광고물을 모두 분석하는 다중터치 기여 모델(Multi-touch attribution models)은 소비자가 하나의 광고를 클릭해서 구매하는 단일 구조가 아니라, 다양한 접점을 거쳐 구매로 이어지는 복합 경로를 분석하는 방식이다. 즉, '유튜브 광고 → 검색 광고 → 인스타그램 스토리 광고 → 구매'에 이르는 소비자의 의사 결정 과정을 인공지능이 추적해 접점별 기여도를 가중치로 산정해 준다. 산정한 결과를 구글 애널리틱스4(GA4) 또는 데이터 시각화 도구인 태블로(Tableau)와 연결하면, 인공지능은 자동으로 보고서를 생성하고 주요성과지표(KPI)의 이상 징후를 감지해 경고 메시지를 제공할 수 있다. 이렇게 하면 미디어 플래너는 전략을 조정할 시점을 더욱 빠르게 판단할 수 있을 것이다.

인공지능 도구는 광고 효과를 다양한 시점과 접점에서 분석해 효과적인 미디어 접점을 식별하고 현실적인 통찰력을 제공해 준다. 소비자의 의사 결정 과정을 가정해 보자. 어떤 소비자가 유튜브에서 제품 광고를 본 다음, 구글 검색을 통해 브랜드를 다시 확인하고, 인스타그램의 후기를 보고 구매 결정을 할 수 있다. 인공지능은 모든 과정을 자동으로 추적해 가중치를 준다. 다중터치 기여 모델은 단일 노출 경로만 고려하던 기존 모델에 비해 광고 기여도를 훨씬 정확히 계산할 수 있다. 인공지능은 또한 대시보드에서 주요성과지표(KPI)의 변동을 시각화하고 효과 하락의 원인을 찾아내 개선 방향을 제시한다. 미디어 플래너는 결과 보고서를 작성하는 시간을 줄이는 대신 더 중요한 의사 결정을 할 수 있게 되었다.

데이터 기반의 미디어 전략가로 진화

미디어 플래너는 단순한 집행자가 아닌 전략적 의사 결정자다. 반복적이고 기술적인 작업은 인공지능 도구에 맡기고, 사람은 전략 수립의 정교함을 높이고, 브랜드 메시지를 정렬하고, 데이터의 해석에 집중해야 한다. 앞으로 미디어 플래너는 데이터 과학자와 미디어 전략가의 역할을 동시에 수행하는 복합형 전문가로 진화해야 한다. 기술과 도구를 이해하고 해석하는 능력과 자동화 시스템을 설정하고 통제하는 역량은 이제 미디어 플래너의 필수 역량이다.

그렇지만 인공지능이 제공하는 데이터는 단지 재료일 뿐이다. 그 재료를 어떤 관점에서 해석해 전략에 반영할 것인지는 인간의 판단 영역이다. 인공지능이 수많은 타깃 조합을 제시하더라도 브랜드 자산에 적합한 타깃을 선택하는 것은 미디어 플래너의 경험과 직관에서 비롯

된다. 윤리 문제에 관한 판단도 인간이 감당해야 할 몫이다. 세분된 특정 타깃이 너무 편향돼 메시지의 도달 가능성이 작다면, 인공지능이 경고하지 않더라도 인간의 판단으로 전략을 수정해야 한다. 결국 인공지능 시대의 미디어 플래너는 매체 구매를 실행하는 담당자의 역할을 넘어, 인공지능의 도움을 받아 브랜드와 시장을 연결하는 '데이터 기반의 미디어 전략가'가 되어야 한다.

참고문헌

Google(2025.8.5). About Performance Max Campaigns. https://support.google.com/google-ads/answer/10724817?hl=en

05
AI와 영상 광고 제작자

영상 광고는 디지털 시대에 접어들어 더욱 발전하고 있다. 전통적으로 영상 광고 한 편을 완성하려면 광고 회사의 프로듀서와 광고 감독을 비롯한 여러 인력이 유기적으로 협업하는 고비용 구조가 작동했다. 인공지능 도구를 활용하기 시작하면서부터 영상 광고 업계에서도 많은 변화가 일어났다. 영상 광고 창작에서도 효율과 확산이 중요해지자, 영상 광고 제작자들은 인공지능 기술을 적극 수용하면서도 창의성과 효율성을 높이는 문제로 고심을 거듭하고 있다.

AI 콘텐츠 크리에이터?

영상 제작의 코페르니쿠스적 전환

광고 영상은 브랜드 메시지를 시청각 언어로 축약해서 전달하는 강력한 표현 수단이다. TV, 유튜브, 인스타그램 릴스, 틱톡 같은 채널의 다양화에 발맞춰 영상 광고 제작자는 신속한 기획력과 콘텐츠의 다양성을 추구하고 있다. 인공지능 도구는 영상 언어의 자동화 시대를 앞당기며 창의성의 제고와 효율성의 향상을 동시에 추구하고 있다. 인공지능 도구는 영상 광고의 제작 방식에 근본적인 변화를 유인했는데, 아이디어 발상부터 편집 과정, 자막 삽입, 버전 제작, 음성 녹음에 이르기까지 영상 제작의 전 과정에 걸쳐 포괄적인 영향을 미치고 있다.

미국의 오픈에이아이(OpenAI)사에서 문자 기반의 영상 생성 모델(text-to-video model)인 소라(Sora)를 2024년 2월 15일에 공개하자 세계의 광고 영상 업계는 크게 술렁거렸다. 대화형 인공지능인 챗GPT를 만든 오픈AI의 후속 모델이라 더 관심을 끌었다. 하늘을 뜻하는 일본어 '소라(空, そら)'의 발음을 그대로 빌려와, 인공지능 모델의 이름을 하늘로 정한 데는 텅 빈 하늘 같은 상태에서 이용자가 창의성을 마음껏 발휘하라는 의도를 담았다. 한마디로 소라는 어떤 영상을 만들어 달라고 작성하면 주문한 대로 최대 1분짜리 동영상을 곧바로 만들어 주는 생성형 인공지능 모델이다.

오픈AI의 본보기 영상은 놀라웠다. "반짝이는 네온사인과 생동감 있는 간판이 빼곡한 도쿄의 거리를 세련된 여자가 걸어가고 있다. 그녀는 빨간색 드레스에 검정 가죽 재킷을 걸치고, 검정 부츠를 신고, 검정 지갑을 들고 있다. 빨간 립스틱에 선글라스를 쓴 그녀는 자신감에 넘쳐 당당하게 걸어간다. 축축하게 젖은 길에 화려한 조명이 반사돼 거울 효과를 만들어 낸다. 많은 사람이 걸어오는 모습도 저 멀리에 흐릿하게 보인다." 프롬프트(지시문 작성 칸)에 이렇게 영상을 만들라고 입력하자, 소라는 지시한 그대로 영상을 생성해 냈다. 선글라스 낀 여성이 카메라 앵글의 변화에 따라 도심을 걸어가는 영상을 보면 촬영 감독이 직접 찍은 것 같다. 배경과의 이질감도 찾기 어려우니 사람이 찍은 것인지 인공지능이 만든 것인지 영상 전문가가 아니면 구분하기 어려울 정도였다(김병희, 2024).

과거에 광고 한 편을 제작하려면 콘티 작성, 장소 섭외, 모델 캐스팅, 촬영, 편집, 녹음에 이르기까지 모든 과정이 분업 형태로 이루어졌다. 그러나 인공지능이 등장하면서부터 영상 제작의 거의 모든 단계에서 인공지능을 활용할 수 있게 되었다. 이에 따라 인공지능 도구는 영상 광고의 제작 방식, 광고물을 완성하는 속도, 투입되는 제작비, 광고 스타일에 이르기까지 많은 것을 크게 변화시켰다. 광고 영상은 빠른 제작 주기와 채널별 콘텐츠의 다양성이 요구되기 때문에, 인공지능 도구가 창의성과 효율성의 접점을 만드는 도구로 떠오른 것이다.

영상 광고를 제작하려면 기획 단계부터 상당한 자원이 투입된다. 광고 콘셉트에 따라 스토리보드를 구상해 촬영하고 편집하는 일련의 과정은 많은 시간과 비용이 투입된다. 그러나 인공지능 도구는 크리에이티브 브리프와 콘셉트를 바탕으로 영상 광고의 콘티를 자동으로 생성해 준다. 영상 광고 제작자가 기획 단계부터 인공지능 도구를 활용하면 광고 카피와 콘티 초안을 신속히 얻을 수 있다. 영상 제작의 출발점인 콘셉트 도출과 스토리보드 작성 단계부터 인공지능 도구를 활용하면 크리에이티브 과정에서의 혁신이 이루어지는 셈이다.

예컨대, 런웨이(Runway)의 스토리보드 제너레이터(Storyboard Generator)는 프롬프트의 지시문에 따라 콘티를 구성할 장면들을 자동으로 생성해 준다. "해 질녘에 연인이 팔짱 끼고 걸어가는 뒷모습"이라는 지시문을 입력하면 그에 알맞은 시각 자료가 생성돼 제작 회의에서 예시로 제시할 수 있고 광고주에게 핵심 장면(key visual)을 설명할 수도 있다. 챗GPT를 활용해도 광고 콘티에서 줄거리의 흐름이나 카피를 쓸 때 도움이 된다. "두 번 접는 스마트폰 출시를 알리는 15초 광고 콘티를 짜 주세요"라고 입력하면, 챗GPT는 영상 광고의 흐름을 한눈에 알 수 있는 콘티와 카피를 자동으로 생성해 준다. 영상 광고 제작자는 자신이 기획하는 영상 광고의 느낌을 설명할 때 인공지능 도구를 유용하게 활용할 수 있다.

무촬영 영상과 가상 프로덕션의 부상

인공지능의 영향력은 물리적인 촬영 자체를 생략하는 가상 제작으로까지 확대되고 있다. 대상을 촬영하지 않고서도 영상 광고를 제작하는 무촬영 영상 기법도 발전하고 있으며, 가상(virtual) 영상 기법도 급부상했다. 인공지능 기술은 이제 물리적인 촬영 없이도 광고 영상을 제작할 수 있는 시대를 열고 있다. 대표적으로 신디시아(Synthesia)는 실제 인물이 등장하지 않아도 인공지능 아바타가 사람처럼 말하고 움직이는 영상을 만들어 낸다. 스크립트와 말투를 입력하면, 지정된 아바타가 자연스럽게 발표하거나 제품을 설명하는 영상이 완성된다. 이를 통해 글로벌 기업들은 다국어 버전 영상을 손쉽게 제작하고, 인건비와 촬영비를 획기적으로 줄일 수 있다.

신디시아 플랫폼은 실존 인물이 아닌 인공지능 아바타를 활용해 스크립트를 읽고, 제스처를 하며 말하는 영상을 자동으로 만들어 낸다.

영상 광고 제작자는 복잡한 촬영을 하지 않고도 어떤 느낌과 메시지를 표현한 '모델 영상'을 빠르게 제작할 수 있게 됐으며, 기존에 비해 광고 제작비도 대폭 절감되었다. 그렇지만 영상 광고를 제작하는 과정에서 인공지능으로 만든 것 같지 않은 상호작용성을 극대화할 필요가 있다. 상호작용성을 극대화하기 위해서는 인간과 비슷한 모습으로 의인화하려는 유사성(similarity), 수용자의 마음을 움직이려는 진정성(authenticity), 올바른 정보를 전달한다고 믿게 하려는 전문성(expertise), 소비자 맞춤형의 메시지를 전달하려는 개인화(personalization), 인공지능 모델과 제품이 잘 맞아떨어지게 하려는 일치성(congruence)이라는 다섯 가지 요인을 고려해야 한다(김대욱 · 김학신, 2024).

예컨대, 런웨이에서 2018년에 출시한 젠1(Gen-1)은 짧은 영상 클립을 만드는 수준이었고, 2022년 공개된 젠2(Gen-2)는 더욱 긴 영상을 생성할 수 있게 되었지만, 화질과 안정성 측면에서는 아쉬움이 있었다. 그러나 2024년에 발표된 젠3(Gen-3)는 텍스트에서 동영상을 직접 생성하는 인공지능 도구로, "하늘을 날아가는 드론 뷰의 산맥"이라는 카피만으로 5초 분량의 동영상을 생성할 수 있었다. 앞으로는 영상 감독이 실제 촬영 장소를 찾고 항공 촬영을 진행하던 과정을 대체해 줄 것이다. 지시문만 입력하면 현장에서 촬영하지 않아도 영화 같은 장면을 만드는 놀라운 도구다. 광고 감독이 촬영 예산의 부족, 촬영 허가 불가, 로케이션의 위험 같은 어려움에 직면할지라도 인공지능 도구를 활용한다면 감독이 원하는 결과물을 생성해 주기 때문에, 앞으로 영상 광고의 제작 관행에서 결정적인 전환점을 마련해 줄 것이다.

영상 편집의 자동화와 정밀화

영상 광고의 제작 과정에서 후반 작업은 전체 공정에서 절반 이상의 시간이 소요되는데, 인공지능 도구는 특히 영상 편집 단계를 혁신했다. 컷 편집의 자동화, 자막 삽입, 색 보정, 음성 인식 후의 자막 싱크 맞춤, 배경음악의 편집, 잡음 제거, 텍스트의 애니메이션 작업, 밝기와 톤의 보정 같은 복잡한 기능이 인공지능 기반으로 자동화되었다. 편집 과정이 자동화되면서 영상 광고 제작자는 창의적인 아이디어 발상에 집중하며 속도와 정교함을 동시에 기대할 수 있게 되었다.

예컨대, 디스크립트(Descript) 도구에 지시문을 입력하고 영상 속의 카피 내용을 자동 텍스트로 전환한 다음 해당 텍스트를 삭제하면, 영상에서 해당 부분을 자동으로 삭제하는 편집 기능을 이용할 수 있다. 인터뷰나 브이로그 광고에서 불필요한 발언을 제거할 때 유용한 디스크립트는 인터뷰 영상이나 인플루언서 콘텐츠를 자동으로 편집해 주기 때문에 광고 영상 제작자의 작업 시간을 대폭 줄여준다.

지시문만 입력하면 짧은 애니메이션 영상을 저절로 만들어 주는 피카랩스(Pika Labs) 도구는 영상의 스타일을 변경하거나 특정 개체를 강조하는 기능을 제공하며, 이미지 기반의 영상 생성 도구로도 활용할 수 있다. 애니메이션 효과나 장면 전환을 정밀하게 조절할 수 있는 피카랩스 도구는 광고 영상 제작자에게 콘텐츠 관리자로서의 통제권을 부여하며, 기존에 비해 훨씬 빨리 영상을 완성할 수 있도록 도와준다. 결국 인공지능 도구가 발전할수록 광고 영상 제작자의 노동 강도를 낮추는 동시에, 창의적인 아이디어 발상을 하는데 더욱 몰입할 수 있도록 시간을 벌어 준다고 할 수 있다.

인공지능 기업과 창작자들 사이의 갈등 요인이었던 인공지능의 지식재산권 침해 문제도 앞으로 심화할 것이다. 앞으로 인공지능 영상 제작 도구가 가짜 뉴스나 이미지 합성기술에 악용될 가능성이 높기 때문에, 영상 광고 제작자는 지식재산권을 활용할 때 직업윤리 문제를 깊이 숙고하며 오용 가능성을 충분히 해소한 다음에 인공지능 영상 제작 도구를 활용해야 한다. 인공지능 도구로 생성한 영상에 '인공지능이 만들었다'라는 워터마크를 삽입한다 해도, 지식재산권을 활용할 때는 모든 콘텐츠를 면밀히 검토하고 신중하게 선택해서 활용해야 한다. 영상 산업계의 일자리 위협에 대응하는 대비책을 마련하는 일보다 직업윤리를 정립하는 문제가 더 시급한 당면과제로 떠올랐다.

감독이자 큐레이터 겸 커뮤니케이터

콘텐츠 기반의 광고가 폭증하면서 영상 광고 제작자의 작업량도 기하급수적으로 증가했다. 짧은 시간 내에 다양한 소재를 생산해야 하는 압박은 실무자에게 큰 부담으로 작용할 텐데, 이때 인공지능 도구는 '확장성'이라는 현실적인 대안을 제공한다. 글로벌 크리에이터 기업인 젤리스맥(Jellysmack)은 수천 개의 콘텐츠 크리에이터 채널을 운영한 이력을 바탕으로, 인공지능 기반의 영상 리믹싱 도구를 자체 개발했다. 이 시스템은 유튜브 전용 영상을 틱톡, 스냅챗, 인스타 릴스로 자동으로 변환하고 최적화해, 창작자 한 명이 일주일에 50개 이상의 짧은 영상을 제작하는 구조를 실현했다. 그리고 인공지능 도구가 자동으로 영상 포맷을 조정하고 플랫폼별 특성에 알맞게 배포하는 인공지능 콘텐츠의 생산 플랫폼으로 발전했다. 인공지능 영상 제작 도구의 출현으로 인해 앞으로 예상되는 변화 양상은 다음 세 가지로 정리할 수 있다(김병희, 2024).

첫째, 스마트폰이 나온 다음부터 누구나 언제 어디서든 쉽게 사진을 찍게 되었듯이 앞으로 인공지능 영상 제작 도구가 보편화되면 영상 제작이 무척 쉬워져 누구나 영상 작가가 될 것이다. 영상 촬영에 관한 기초적인 공부를 하고 영상 미학에 대한 감각을 조금만 배우고 익힌다면, 누구나 쇼트폼 영상 작가가 될 수 있고 단편 영화 감독도 될 수 있다. 앞으로는 인공지능 영상 제작 도구가 생성해 준 영상과 인간이 찍은 영상이 경쟁을 거듭할 것이다.

둘째, 인공지능 영상 제작 도구가 보편화되자 영상 제작비가 대폭 인하됐다. 콘티를 그리지 않고 글로 쓰면 되니까 작업 속도도 무척 빨라졌다. 해외 촬영을 나가지 않아도 되고, 콘티나 참고 영상 자료를 얻으려고 돈을 쓰지 않아도 되니 초기 비용도 그만큼 줄어든다. 실제 촬영을 할 때 고가의 장비를 임대할 필요도 감소했다. 따라서 높은 제작비 때문에 영상 광고 제작을 망설이던 중소기업과 개인들도 손쉽게 광고 영상 제작에 참여할 수 있다.

셋째, 인공지능 영상 제작 도구가 대중화되면 각양각색의 영상 창작자가 출현할 것이다. 창의성의 수준이 결국에는 문제가 되겠지만, 누구나 광고 감독이나 영상 프로듀서가 될 수 있고 웹툰 동영상 작가로 데뷔할 수도 있다. 광고 분야에서 이강우 선생이 크리에이터와 감독 사이에서 실력을 인정받아 제1호 CM 플래너로 자리 잡았듯이, 창작자와 영상 감독 사이에서 능력을 발휘하는 인공지능 영상 광고 플래너가 등장할 수도 있다.

기존에 나온 영상 생성 인공지능과 인공지능 영상 제작 도구의 두드러진 차별점은 인공지능 영상 제작 도구가 프롬프트의 지시문을 파악한 다음 지시문에서 언급한 사물이 실제 세계에서 어떻게 존재하는지 이해해서 영상을 만든다는 사실이다. 다시 말해서 인공지능 영상 제작 도구가 생성한 영상물은 이전의 영상 제작 도구와는 비교할 수 없을 정도로 생생한 현장감과 현존감(presence)을 구현한다는 뜻이다. 영상 제작에서의 이런 변화는 천동설이 지배하던 시절에 움직이는 것은 별이 아니라 지구라며 지동설을 처음으로 주장했던 코페르니쿠스적 전환에 비견할 만하다. 인공지능 영상 제작 도구의 기능은 계속 향상될 텐데 시간이 지날수록 영화나 드라마 제작에도 폭넓게 활용될 것 같다.

이제, 인공지능 도구는 영상 제작의 공동 제작자가 되었다. 인공지능이 만든 장면, 인공지능이 분석한 반응 데이터, 인공지능이 추천하는 장면 조합은 영상 광고의 핵심 구조로 자리 잡았다. 영상 제작자의 역할은 이를 큐레이션하고 감독하는 방향으로 변화했다. 디지털 광고 시장의 성장에 따라 영상 콘텐츠의 제작 수요도 폭증했다. 짧은 영상 광고는 소셜미디어, 전자상거래, 검색광고, OTT 플랫폼 등에서 다양하게 활용되며, 영상 광고 제작자는 하루에도 수십 개의 영상 제작에 대응해야 한다. 결국 인공지능 도구는 작업량 증가에 대한 유일한 해법이 될 수 있다.

인공지능을 활용하면 하나의 기획서에서 수십 개의 콘텐츠를 자동으로 파생하고, 대량의 영상도 일정 품질 이상으로 확보할 수 있으니, 프리랜서 제작자뿐 아니라 대형 광고 회사에도 인공지능 시스템이 도입되었다. 영상 광고 제작자의 정체성도 더욱 선명해졌다. 인공지능이 제시하는 각종 변형 시안, 자동 편집 기능, 스타일 생성 능력을 브랜드 메시지와 시각적 정체성으로 통합시키는 기획력이 영상 광고 제작자의 핵심 역량이 될 것이다. 인공지능 도구를 통해 표현해야 할 브랜드 메시지를 설계하고, 디테일을 정리하고, 맥락을 부여하는 것은 결국 인간 제작자의 직관과 경험이다. 앞으로의 영상 광고 제작자는 기술을 다루는 감독이자 메시지를 해석하는 큐레이터이며, 브랜드와 소비자를 이어주는 시청각 이야기꾼(커뮤니케이터)으로 진화할 것이다.

참고문헌

김대욱·김학신(2024). “AI가 바꾸는 광고PR 제작 가이드라인”. 김주영 외. 《AI가 바꾸는 광고와 PR: 기획부터 윤리까지》, 157~186쪽. 이프레스.

김병희(2024.3.17). “영상 제작의 코페르니쿠스적 전환”. 《데일리스포츠한국》, 13면. https://www.dailysportshankook.co.kr/news/articleView.html?idxno=322448

06
AI와 크리에이티브 디렉터

광고 크리에이티브 디렉터는 브랜드 메시지를 시각적, 언어적, 감성적으로 통합하는 창작의 지휘자다. 광고 창의성을 총괄하는 그들은 카피라이터, 아트 디렉터, 디자이너, 영상 프로듀서 같은 여러 분야의 전문가들과 협업해 광고 캠페인의 정체성과 스타일을 창조한다. 디지털 전환과 인공지능 도구의 급속한 발전은 이들의 역할에도 중대한 변화를 가져왔다. 느낌과 경험에 의존하던 광고 창작자의 업무 스타일도 변화의 물살을 거스를 수 없게 되었다.

AI와 민주주의?

인공지능이 도와주는 아이디어 발상

크리에이티브 디렉터는 광고 창작 과정에서 브랜드 메시지를 효과적으로 전달할 아이디어를 창출하고, 크리에이티브 팀을 이끌며, 캠페인 전체의 느낌과 방식(tone & manner)을 결정한다. 크리에이티브 디렉터가 어떤 판단을 하느냐에 따라 광고의 성패를 좌우할 수 있을 정도로 크리에이티브 디렉터의 역할과 책임이 중요하다. 전통적으로는 오랜 현장 경험과 직관 그리고 문화적 감수성이 주요 무기였지만, 최근에는 인공지능 기술이 이들의 창작 과정과 팀 운영 방식에 급격한 변화를 불러오고 있다.

인공지능 기술은 아이디어 발상, 콘셉트 개발, 디자인의 방향 설정, 콘텐츠의 자동 생성, 소비자 통찰력을 도출하는 과정에 두루 활용되고 있다. 기존에는 크리에이티브 디렉터의 경험과 직관에 따라 아이디어 발상을 하고 캠페인 콘셉트를 도출해 왔다. 반면에 디지털 시대에는 챗지피티(ChatGPT), 카피에이아이(Copy.AI), 재스퍼(Jasper) 같은 인공지능 기반의 텍스트 생성 도구가 아이디어 발상을 보조하는 도구로 활용되고 있다. 예컨대, 광고 기획 초기에 챗지피티를 통해 "20대 여성을 대상으로 한 친환경 브랜드 슬로건 아이디어"를 요청하면 수많은 카피 아이디어가 즉각 생성된다. 크리에이티브 디렉터는 이를 바탕으로 콘셉트의 방향성을 탐색하거나 브레인스토밍 자료로 활용할 수 있다. 인공지능 도구를 활용한다는 것은 인간의 창의력을 대체하기보다 확장하는 방식으로 이해해야 한다. 인공지능이 제시하는 다채로운 카피는 크리에이티브 전문가의 인지적 고정관념을 해소하는 데 도움이 되며, 결국 더욱 창의적인 결과물을 창출하는 데 영향을 미친다고 알려져 있다(Hartmann et al., 2025).

광고 캠페인의 시작은 '무엇을 말할 것인가'를 결정하는 데서부터 출발한다. 즉, 브랜드가 소비자에게 어떤 감정과 메시지를 전달할지를 결정하는 일이다. 과거에는 팀원들과 브레인스토밍을 통해 아이디어를 도출했지만, 디지털 시대에는 인공지능 도구가 보조자 역할을 톡톡히 해내고 있다. 예컨대, 생성형 인공지능은 특정 타깃과 감성 및 상황에 맞춘 광고 카피 아이디어를 여럿 생성해 준다. "기후 변화에 민감한 Z세대를 위한 아웃도어 브랜드 슬로건"이라는 프롬프트에 대해 챗GPT는 다양한 느낌의 카피를 생성해 주며, 이는 초기 아이디어 확장에 도움이 된다. 인공지능을 활용한 브레인스토밍은 인간 크리에이티브 디렉터의 인지적 고정관념을 해소하고 창의적인 생각을 자극하는 데 긍정적인 영향을 미친다.

크리에이티브 창작 과정의 자동화

인공지능 도구는 광고 콘셉트를 구성하는 초기 단계에서 소비자 통찰력을 도출할 때 정량적이고 객관적으로 지원한다. 예컨대, 소셜 청취 도구는 실시간으로 소셜미디어 자료를 수집하고 분석해 현재 소비자의 감정, 욕구, 필요, 불만 요인을 알려 준다. 크리에이티브 디렉터는 이를 바탕으로 캠페인 메시지를 더 날카롭게 다듬고, 타깃 감성에 맞춘 느낌과 방식을 결정할 수 있다. 또한, 여러 인공지능 도구는 이미지나 영상 디자인에 대한 추천 기능을 탑재해, 소비자가 올린 카피와 색상과 사진에 어울리는 디자인 시안을 제안한다. 이렇게 하면 아이디어 탐색 과정을 단축하고, 크리에이티브 팀의 효율성을 극대화한다.

아이디어를 카피로 정리하면 이를 시각적 이미지로 표현해야 한다. 이때 디지털 이미지를 자동으로 생성하는 미드저니(Midjourney)와 달리(Dall-E)는 물론 영상을 편집하고 생성하는 런웨이 엠엘(Runway ML) 같은 인공지능 도구가 크리에이티브 디렉터의 역할을 보조할 수 있다. 크리에이티브 디렉터는 캠페인의 전체적인 콘셉트를 도출할 때 이 도구들을 활용해 초기의 방향을 설정한다면 큰 도움을 얻을 것이다. 예컨대, '도심 속의 자연 회귀'를 주제로 하는 광고 콘셉트를 미드저니 도구를 활용해 시각화하면, '초록빛 도심 속을 걷는 청년'이라는 명령어 하나만으로 수많은 비주얼이 자동으로 생성된다. 이렇게 되면 아트 디렉터와 디자이너에게 더욱 명확한 창작 방향을 제공하며, 결과적으로 프로젝트 전체의 시각적 일관성을 확보하는 데 이바지한다.

크리에이티브 제작 과정의 자동화도 중요해지고 있다. 디지털 광고 환경에서는 수십 개의 플랫폼에 맞는 다양한 포맷의 콘텐츠를 동시에 제작해야 한다. 이 과정에서 크리에이티브 디렉터는 효율적인 작업 구조를 설계해야 하는데, 인공지능은 이 지점에서 탁월한 해결책을 제시한다. 예컨대, 지시문을 입력하면 시각적 결과물로 변환해 주는 캔바(Canva)의 매직 디자인(Magic Design) 기능은 브랜드 로고와 컬러 및 슬로건을 인식해 각 소셜 미디어 플랫폼에 알맞은 이미지 배너, 동영상 섬네일, 홍보물을 자동으로 생성해 준다. 이 밖에도 런웨이(Runway) 같은 도구는 짧은 카피를 바탕으로 이미지와 영상 콘텐츠를 자동으로 편집해 주기 때문에, 반복적인 디자인 작업을 크게 줄여 준다. 광고 창작에서 기술적 부담이 줄어들면 크리에이티브 디렉터는 더 전략적이고 감성적인 업무 영역에 집중할 수 있다.

캠페인 스타일 가이드와 콘텐츠 자동화

과거의 크리에이티브 디렉터는 스타일 가이드를 수작업으로 완성한 다음 채널별 콘텐츠 제작자들에게 공유하려면 오랜 시간이 필요했다. 하지만 지금은 인공지능 기반의 템플릿 시스템을 활용해 자동으로 작업할 수 있게 되었다. 예컨대, 캔바의 매직 디자인 기능은 어떤 브랜드의 스타일 가이드(로고, 컬러, 폰트)를 바탕으로 다양한 채널(인스타그램, 유튜브, 팝업 배너 등)에 적합한 디자인 콘텐츠를 자동으로 제안하고 생성할 수 있다. 영상 콘텐츠 측면에서도 인공지능 기반의 영상 제작 도구는 인물 애니메이션, 음성 더빙, 자동 자막 삽입을 통해 영상 편집의 복잡도를 줄임으로써, 크리에이티브 디렉터가 콘셉트와 메시지 창작에 집중할 수 있도록 지원한다.

인공지능은 광고 메시지의 정교화에도 이바지한다. 소셜 청취 도구인 스프링클러(Sprinklr)나 브랜드워치(Brandwatch)는 실시간 데이터를 분석해 특정 브랜드, 이슈, 해시태그에 대한 소비자의 감정, 연관어, 반응을 정량화해 제공하므로, 크리에이티브 디렉터가 메시지를 설계할 때 타깃의 정서와 언어를 파악하는 데 무척 유용하다. 예컨대, 스킨케어 브랜드의 신제품 광고를 준비할 때 민감성 피부에 대한 소셜미디어 반응을 분석한 결과, '자연 유래', '무자극', '안심'이라는 핵심어가 소비자에게 강한 신뢰를 준다는 것을 알게 되면, 크리에이티브 디렉터는 이런 단어 위주로 광고 콘셉트를 재설계할 수 있다.

크리에이티브 디렉터는 인공지능으로 생성된 수많은 이미지를 종합해 소비자들의 감성에 맞는 이미지를 선정하고, 온라인 광고를 비롯한 여러 광고 유형에 활용할 수 있다. 또 인공지능이 생성해 준 시각 자료와 카피의 초안을 확인한 뒤, 팀원들과 협업해 아이디어를 구체화하고 인간적 감성으로 다듬어 창의성의 기반을 넓힐 수 있다. 크리에이티브 디렉터는 인공지능이 생성해 주는 수많은 이미지 중에서 브랜드 철학에 맞는 결과물을 큐레이션하고, 옥외 광고, 온라인 캠페인에도 반영할 수도 있다. 나아가 크리에이티브 디렉터는 다양한 연령과 인종 및 체형에 관한 비주얼을 실험적으로 생성해 그중에서 감정 전달력이 강한 이미지를 선별해 최종 캠페인에 반영할 수도 있다.

인공지능을 품은 광고 창작의 리더

인공지능은 단지 광고물의 제작만이 아니라 크리에이티브팀의 운영 방식에도 영향을 미치고 있다. 크리에이티브 디렉터는 팀원 각자의 강점에 인공지능 도구를 적절히 배분함으로써 업무 효율을 극대화해야 한다. 카피라이터에게는 재스퍼(Jasper)를, 디자이너에게는 캔바(Canva)를, 영상 제작자에게는 런웨이(Runway)를 배정하고, 각자가 완성한 결과물을 크리에이티브 디렉터가 종합해 하나로 통합하면 된다. 이러한 협업 구조에서는 관리자의 역할이 단순한 지시자가 아니라, 오케스트라의 지휘자처럼 팀의 창의력을 조율하고 인공지능의 결과물에 인간의 정서와 문화적 맥락을 입히는 역할로 확장된다.

인간의 정서와 문화적 맥락을 고려하면 인공지능 도구의 기계적 판단을 보완할 수 있다. 인공지능은 효율성을 제공하지만, 사람에 대한 통찰과 문화적 해석력까지 대체할 수는 없다. 광고는 단순히 정보를 전달하는 데 머무르지 않고, 소비자의 욕구와 감정을 조절하고 소비자의 구매 의사 결정에 영향을 미치는 문화 콘텐츠다. 따라서 크리에이티브 디렉터는 인공지능을 단순한 활용 도구로만 인식하는 데서 벗어나 인공지능의 생성물에 자신만의 광고 창의성 철학과 경험을 반영할 수 있도록, 인공지능 도구를 '크리에이티브 조율자(creative orchestrator)'라는 관점을 유지하며 활용할 필요가 있다.

인공지능 도구는 빠르고, 효율적이며, 무한한 아이디어를 생성해 주지만, 그 자체로 감정과 공감까지 유발하는 데는 한계가 있다. 더욱이 광고는 인간의 감정과 문화와 시대정신을 반영하므로, 인공지능이 생성한 콘텐츠를 그대로 노출하는 것은 위험하다. 거짓 메시지의 생성, 편향된 이미지의 학습, 정서적 부적합 같은 문제가 발생할 수 있기 때문이다. 따라서 크리에이티브 디렉터는 인공지능 도구가 생성해 준 결과물을 검토하고, 그 생성물이 인간적 윤리와 문화적 맥락에 부합하는지 확인하는 최종 감수자라는 막중한 책임 의식도 가져야 한다.

인공지능 도구는 크리에이티브 디렉터의 자리를 위협하는 경쟁자가 아니라, 오히려 크리에이티브 디렉터의 역량을 키워 주는 경계 확장자다. 인공지능은 창의성의 폭을 넓히고, 반복 작업의 부담을 줄여 주며, 데이터 기반의 통찰력을 제공함으로써 크리에이티브 디렉터가 창의적이고 전략적인 사고에 집중하도록 도와준다. 앞으로 크리에이티브 디렉터는 인공지능 기술에 대한 이해와 감성적 해석력을 모두 갖춘 '디지털 크리에이티브 리

더'로 진화해 나가야 한다. 인간과 인공지능이 함께 열어 가는 공동 창작의 중심에 크리에이티브 디렉터가 존재한다.

참고문헌

김병희(2022). "'뉴 칼라' 크리에이터를 기다리며". 김병희 외. 《디지털 시대의 광고 크리에이티브 신론》. 3~10쪽. 학지사.

Hartmann, J. et al.(2025). The Power of Generative Marketing: Can Generative AI Create Superhuman Visual Marketing Content?. *International Journal of Research in Marketing, 42*(1), pp.13~31.

07
AI와 광고 데이터 분석자

크리에이티브 디렉터가 브랜드의 얼굴을 만든다면, 데이터 분석자는 그 얼굴이 소비자에게 실제로 효과를 발휘하는지 실시간으로 추적하고 전략을 조정한다. 인공지능 기술은 데이터 분석자의 역량을 더욱 정교하고 신속하게 개발하고 있다. 광고 데이터 분석자는 인공지능 기반의 예측 분석, 검색 추세의 감지, 실시간 효과의 피드백, 개인 맞춤형의 최적화를 시도하며 광고 효과를 극대화하는 핵심 직무를 담당한다.

AI와 애니메이션?

광고 데이터 분석자의 진화와 역량 확장

디지털 광고 생태계에서 크리에이티브가 소비자의 눈길을 사로잡는 꽃이라고 한다면, 데이터는 광고가 나아갈 방향을 알려 주는 나비와 같다. 광고 데이터 분석자(Advertising Data Analyst)와 검색엔진최적화(SEO, Search Engine Optimization) 전문가는 그 중심에서, 광고의 노출, 클릭, 전환의 흐름을 자세히 추적하고 이를 바탕으로 실시간 최적화 전략을 실행한다. 인공지능 기술은 광고 데이터 분석자의 역할을 단순한 보고 중심에서 '전략적 의사 결정자'로 변화시켰다. 인공지능 기반의 데이터 분석 활동은 광고 효과를 높이고 브랜드 가치를 제고하는 데 영향을 미친다. 광고 효과를 예측하고 전략을 설계하는 데이터 기반의 광고 전문가는 디지털 시대의 광고 환경에서 정말로 중요한 존재가 되었다.

광고 데이터 분석자는 광고 캠페인을 전개하는 모든 과정에서 다음과 같은 임무를 담당한다. 타깃 분석, 소비자 행동의 예측, 광고 소재별 반응률의 추적, 매체별 전환율 및 클릭률의 분석, A/B 테스트와 투자 대비 매출액(ROI, Return on Investment)의 평가, 캠페인의 실시간 모니터링 및 보고서 생성 같은 일들이다. 이러한 업무는 과거에는 수작업 분석과 엑셀 기반의 보고에 의존했지만, 현재는 인공지능 도구가 이 모든 과정을 자동화하고 정교화하고 있다. 예컨대, 구글 애널리틱스4(GA4)는 기계학습 기반의 예측 통찰력 기능을 바탕으로 향후의 이탈률 상승을 예측하거나 구매 가능성이 높은 소비자 집단을 실시간으로 추천한다.

전통적으로 광고 데이터 분석자는 캠페인이 끝난 다음에 수집된 데이터를 바탕으로 보고서를 작성하고, 후속 캠페인을 위한 참고 자료를 제공하는 일에 치중해 왔다. 그러나 현재는 인공지능 기반의 플랫폼으로 데이터를 실시간으로 수집하고 분석할 수 있게 되자, 데이터 분석자 역시 광고 운영의 전반에 걸쳐 실시간으로 의사 결정을 하는 사람으로 진화했다(Anayat & Rasool, 2024). 이들은 소비자 행동 기반의 표적화 분석, 광고 노출 및 반응 데이터의 실시간 모니터링, A/B 테스트 및 최적의 조합 추천, 크리에이티브 콘텐츠에 따른 광고 효과의 비교 분석, 광고 예산의 분배, 광고 캠페인의 리마케팅(Remarketing) 전략 수립 같은 업무를 맡고 있다. 모든 과정에서 광고 데이터 분석자는 데이터를 해석하는 수준을 넘어서, 인공지능 도구를 활용해 광고에 대한 반응을 예측하고 소비자 행동을 설계하는 고차원적 업무도 수행한다.

검색엔진최적화와 답변엔진최적화

디지털 시대에 좋은 광고 콘텐츠란 검색에 잘 걸리는 콘텐츠라고 할 수 있다. 검색엔진최적화 전문가는 특정 핵심어를 중심으로 광고 콘텐츠의 노출도를 극대화하고, 검색 엔진 알고리즘의 구조를 분석하고, 소비자의 검색 의도를 이해하며, 어떤 브랜드가 검색 결과에서 먼저 검색되도록 전략을 설계한다. 검색 결과에서 상위에 노출되도록 전략을 수립하는 그들은 검색 알고리즘의 변화를 예측하고, 소비자의 검색 의도를 분석하며, 인공지능 도구를 활용해 최적의 핵심어를 선별하기도 한다. 최근에는 인공지능 도구를 활용해 이 과정을 자동화하고, 핵심어의 적합도와 추세 반영 여부를 신속하게 분석하기도 한다. 인공지능 기반의 검색엔진최적화 도구를 살펴보면 다음과 같다.

어떻게 써야 검색 결과의 상위에 노출되는지에 대한 명확한 기준을 제시하는 서퍼(Surfer SEO)는 인공지능 알고리즘을 바탕으로 경쟁하는 콘텐츠 구조, 카피의 길이, 핵심어의 밀도를 분석해 검색엔진최적화에 필요한 콘텐츠 작성의 지침을 제시한다. 서퍼는 상위 노출 콘텐츠의 구조, 제목, 카피 길이를 인공지능 도구가 분석해 최적화된 템플릿을 제공하고, 글을 쓰는 도중이나 글을

다 쓴 다음에도 검색엔진최적화에 필요한 콘텐츠의 적합도를 수치로 확인하고 개선할 수 있기에, 광고 데이터 분석자는 물론 블로거와 기획자에게도 도움이 된다. 세계의 웹사이트 분석 결과를 제공하는 셈러시(Semrush)는 검색량, 난이도, 경쟁사의 핵심어를 분석해 고효율의 핵심어를 추천하고 광고 콘텐츠의 전략도 제안한다. 핵심어 도구가 광고 콘텐츠의 성공에 영향을 미친다는 점에서 이 플랫폼은 많은 도움이 된다. 셈러시는 핵심어의 난도 평가 결과, 경쟁사의 광고 분석 결과, 마케팅 조사 결과, 유입 채널의 비교 분석 결과물을 제공해 주기 때문에 광고 데이터 분석자가 전략적인 핵심어 계획을 수립할 때 많은 도움을 얻을 수 있다.

단순한 질의응답을 넘어서 인공지능 비서 역할을 해주는 챗GPT의 플러그인(Plug-in) 기능을 활용하면, 광고 데이터 분석자는 실시간 추세와 연계되는 핵심어의 아이디어를 얻을 수 있고 검색 목적에 더 적합한 광고 콘텐츠에 관한 글을 쓸 수도 있다. 챗GPT의 플러그인 기능은 특정 주제에 대한 핵심어나 콘텐츠 요약 결과를 생성하는 동시에 광고 데이터 분석자의 의도에 적합한 카피를 제시해 준다. 따라서 이 도구는 광고 창의성의 영역과 정보 탐색 분야에서 유용하게 활용할 수 있으며 검색엔진최적화에 필요한 광고 콘텐츠의 초안을 신속히 제작하는 데도 많은 도움이 된다. 국내외의 여러 기업과 광고회사에서 챗GPT의 플러그인 기능을 장착해 업무 효율성을 높인 사례도 많다.

더욱이 검색 기능을 향상하는 것을 넘어서 답변엔진최적화(AEO, Answer Engine Optimization)도 중요해졌다. 앞으로 검색창에 키워드를 입력하는 시대가 사라질 것으로 전망하는 학자들도 있지만, 검색 엔진과 답변엔진은 공존할 것이다. 답변엔진최적화(AEO)는 검색엔진최적화의 진화된 형태이며, 검색 결과를 보여 주는 기존의 방식과 달리 사용자의 질문에 최적화된 답변을 즉각 제공하는 것을 목표로 한다(Eland, 2025). 답변엔진최적화는 인공지능의 음성 검색을 비롯한 각종 기능을 대행하고 소비자 행동에 관한 데이터를 바탕으로 개인 맞춤형 서비스를 제공하기 때문에, 광고 회사의 데이터 분석자는 답변엔진최적화 도구와 검색엔진최적화 도구를 동시에 활용하는 것이 바람직하다. 검색엔진최적화의 목표가 트래픽을 유도해 검색 순위의 상위에 노출되도록 하는 것이라면, 답변엔진최적화의 목표는 답변의 목록으로 이용자에게 선택되도록 하는 것이다. 따라서 키워드 기반인 검색엔진최적화를 위해서는 콘텐츠의 길이가 길어도 무방하지만, 질문 기반의 정보 요약이 중요한 답변엔진최적화를 위해서는 콘텐츠의 길이가 짧고 직접적인 것이 좋다.

광고 효과의 실시간 추적과 최적화 방법

인공지능 기반으로 운용되는 광고 플랫폼에서는 노출 대비 클릭률(CTR, Click Through Rate), 컨버전율(CVR, Conversion Rate), 이탈률, 체류 시간, 노출 수(impressions), 광고비 대비 매출액(ROAS, Return On Ad Spend), 투자 대비 매출액(ROI) 등을 실시간으로 추적한다. 광고 데이터 분석자에게 필요한 핵심 능력은 실시간 피드백을 바탕으로 광고 전략을 조정할 수 있는 역량이다. 광고 데이터 분석자는 인공지능이 제공해 주는 여러 지표를 실시간으로 분석하고, 인공지능이 자동으로 추천해 주는 최적의 입찰 전략 지표에 따라 즉각적인 전략 수정과 콘텐츠 최적화를 진행한다.

인공지능 도구의 주요 기능을 더 구체적으로 살펴보자. 소비자의 과거 행동과 관심사에 관한 데이터를 바탕으로 타깃을 실시간으로 재정의하는 스마트 표적화(Smart Targeting) 도구, 광고주가 원하는 주요성과지표(KPI, Key Performance Indicators)의 도달 가능성을 사전에 예측하고 그에 따라 콘텐츠를 조정하거나 예산 배분을 변경하는 예측 분석(Predictive Analytics) 도구, 전환 가능성이 높은 시간대와 소비자군에 집중적으로 광고를 노출해 효율성을 높이는 효과 기반 자동 입찰(Smart Bidding) 도구가 있다. 구글 애널리틱스4와 메타 애드 매니저(Meta Ads Manager)는 모든 기능을 기본적으로 제공하며 광고 데이터 분석자가 각 채널의 데이터를 통합 관리할 수 있도록 도와준다.

인공지능 도구는 다음과 같은 영역에서 특히 효과적이다. 소비자의 과거 행동이나 관심사 또는 위치 데이터를 바탕으로 인공지능이 자동으로 광고 대상 집단을 재조정하는 자동 표적화의 영역, 이미지와 카피 및 버튼 색상 같은 요소별 반응률을 예측해 고효율이 기대되는 광고 소재를 우선 노출하는 크리에이티브 효과 예측의 영역, 주요성과지표(KPI)의 수치가 설정 범위를 벗어나면 인공지능이 자동으로 경고하고 예산과 메시지의 조정을 제안하는 효과 알림의 영역이다(Chaffey & Ellis-Chadwick, 2022). 이런 인공지능 도구는 광고 데이터 분석자가 하루 단위가 아닌 '분' 단위로 전략을 수정할 수 있도록 도와준다.

광고 데이터 분석자의 도구별 활용 전략도 중요하다.

구글 애널리틱스4는 예측 분석과 소비자 흐름을 분석하고 광고의 유입 경로를 분석해 전환 과정을 추적할 수 있다. 셈러시는 핵심어 분석과 콘텐츠 최적화에 활용할 수 있고 검색엔진최적화 전략을 수립하고 경쟁사를 분석할 때 도움이 된다. 시퍼는 상위 콘텐츠를 비교 분석해 블로그를 활성화하거나 검색어를 최적화하는 데 도움이 된다. 태블로(Tableau)는 대시보드의 시각화가 가능하며 실시간 효과에 관한 보고서를 생성할 수 있다. 챗GPT는 카피 초안을 작성하고 핵심어의 아이디어를 도출하며 아이디어 발상과 콘텐츠 자동 생성 과정에서 유용하게 활용할 수 있다. 이 도구들은 상호 연동하거나 병행해서 사용할 수 있는데, 광고 데이터 분석자는 이를 통해 전체 캠페인을 '숫자'가 아닌 '전략'으로 해석하고 실행할 수 있다.

광고 데이터 분석자의 미래 역량

미래는 데이터가 주도하는 시대다. 인공지능 시대의 광고 데이터 분석자는 단순한 데이터 분석자를 넘어서 지혜로운 전략가가 되어야 한다. 광고 데이터 분석자는 다음과 같은 역량을 갖추도록 노력해야 한다. 인공지능 도구에 대한 실무적 활용 역량, 검색 알고리즘의 진화를 이해하는 역량, 효과적인 콘텐츠를 추천하는 전략 수립 역량, 데이터 기반의 '크리에이티브 통찰력'을 발견하는 역량이다. 예컨대, 광고 데이터 분석자는 검색엔진최적화를 위한 핵심어만 추천하는 역할에서 벗어나, 이런 핵심어 조합은 이런 느낌의 콘텐츠와 결합할 때 가장 효과적이라는 식의 창의적인 제안을 할 수 있는 전문가로 거듭나는 것이 중요하다. 광고 데이터 분석자가 모든 자료를 인공지능 도구에 묻고 인간적 감각으로 해석해야 하는 이유도 그 때문이다.

광고 데이터 분석자의 판단 결과와 인공지능 도구의 분석 결과를 조화롭게 조율하는 능력도 중요하다. 인공지능은 정교하고 빠른 결과를 내놓지만, 데이터의 맥락을 해석하고 그 의미를 전략으로 전환하는 데는 여전히 인간의 통찰이 중요하다. 예컨대, 특정 광고의 클릭률이 낮을 때에 인공지능은 기술적으로 '버튼 위치'를 문제점으로 파악하겠지만, 광고 데이터 분석자는 콘텐츠 전반에 감성적 호소력이 부족하다는 정서적 판단을 내릴 수 있다. 인공지능은 패턴을 감지하지만, 의미를 해석하지는 않는다. 광고 데이터 분석자는 인공지능의 '눈'에 인간의 '이해'를 더함으로써 더욱 설득력 있는 광고 전략을 수립해야 한다.

인공지능은 광고 데이터를 더 빠르게 수집하고, 더 정교하게 분석하며, 실시간으로 반응을 예측하는 능력이 있으나, 광고 캠페인은 여전히 인간의 데이터 해석력을 바탕으로 완성된다. 광고 데이터 분석자는 인공지능 도구를 통해 효율을 높이는 동시에, 인간의 해석력과 직관을 바탕으로 창의적이고 감동 있는 전략을 설계해야 한다. 이제 이들은 더 이상 후방의 분석가가 아니라, 광고 전선에서 전략을 설계하는 '전방의 엔지니어'인 셈이다. 숫자에서 전략으로, 분석에서 기획으로 변화시키는 광고 데이터 분석자는 자료 수집과 보고의 영역을 넘어서, 소비자의 의도와 브랜드의 콘텐츠를 연결하는 전략적 가교 역할을 수행해야 한다. 데이터의 흐름 속에서 소비자의 움직임을 읽고, 인공지능의 힘을 빌려 광고의 정밀도를 높이는 이들이야말로, 광고 회사에서 가장 전략적인 위치에 있는 숨은 주역일 것이다.

참고문헌

Anayat, S. & Rasool, G.(2024). Artificial Intelligence Marketing (AIM): Connecting-The-Dots Using Bibliometrics. *Journal of Marketing Theory and Practice, 32*(1), pp.114~135.

Chaffey, D., & Ellis-Chadwick, F.(2022). *Digital Marketing: Strategy, Implementation and Practice (8th ed.)*. Pearson

Education.

Eland, F.(2025). *AEO Answer Engine Optimization: How to Optimize for SEO, AI Search, Google SGE, Featured Snippets & Voice Assistants.* Lulu Press.

08
AI와 광고 솔루션 개발자

광고 솔루션 개발자는 광고 전략을 실제로 구현해 내는 기술 설계자이자 자동화된 광고 생태계를 운영하는 엔지니어로서, 광고 회사의 경쟁력을 좌우하는 핵심 인재로 부상하고 있다. 이들은 광고 회사 내부에서는 운영의 효율성을 높이고, 외부에서는 광고 주체에게 맞춤형 캠페인을 제공하는 중요한 역할을 한다. 따라서 이들은 광고를 움직이는 보이지 않는 엔진이자 광고 캠페인을 효과적으로 실행하는 해법의 설계자다.

AI와 인재 채용?

광고 솔루션 개발자의 역할

아이디어만으로 광고 회사가 경쟁하던 시대는 이제 끝났다. 기술과 전략의 연결 고리인 광고 솔루션 개발자의 가치가 그만큼 중요해졌기 때문이다. 광고 캠페인은 이전의 느낌이나 크리에이티브 중심에서 벗어나, 데이터 기술 기반의 효율성 경쟁으로 진화했다(Chen et al., 2019). 빅데이터를 실시간으로 분석하고, 수많은 플랫폼과 디바이스를 넘나들며 퍼포먼스를 최적화해야 하는 디지털 시대의 광고 환경에서, 광고 기술의 도움 없이 광고 캠페인을 성공시키기란 거의 불가능한 일이다.

광고 기술의 엔진을 설계하는 광고 솔루션 개발자들은 광고 전략의 수립과 분석 그리고 광고 캠페인의 실행을 하나의 기술 체계로 엮어 내는 핵심 역할을 하므로, 기술과 마케팅의 경계를 넘나드는 통합적 사고력과 개발 능력을 요구받는다. 광고 솔루션 개발자는 인공지능 기술, 데이터 구조, 응용 프로그래밍 인터페이스(API, Application Programming Interface: 사람이 개입하지 않고 프로세스를 실행하는 핵심 기술로 컴퓨터 응용 프로그램 사이에 사용되는 연결 언어), 추적 시스템을 직접 개발하거나 최적화한다. 빅데이터, 자동화 분석, 표적화, 플랫폼의 최적화 같은 기술 기반 요소들이 광고 효과에 결정적인 영향을 미치는 상황에서, 광고 솔루션 개발자들은 관련 기술을 설계하고 구현한다.

광고 솔루션 개발자는 광고 캠페인을 효과적으로 운영하기 위한 내부 시스템과 자동화 솔루션을 설계하고 개발하며 유지보수까지 담당하는 경우가 많다. 이들이 수행하는 핵심 업무 분야는 크게 다섯 가지다. ① 다수의 광고 플랫폼을 한 곳에서 관리하고 집행할 수 있도록 통합 시스템을 개발하는 캠페인 관리 시스템을 구축하는 일이다. ② 실시간으로 광고 효과를 시각화하여 마케터나 광고주가 쉽게 접근하도록 설계하는 효과 모니터링의 대시보드를 구현하는 일이다. ③ A/B 테스트와 콘텐츠 추천은 물론 카피를 생성하거나 이미지를 교체하는 크리에이티브 자동화 도구를 개발하는 일이다. ④ 웹 로그 데이터와 외부 응용 프로그래밍 인터페이스(API)를 연동해 맞춤형 타깃 세분화를 생성하는 소비자 행동 기반의 표적화 시스템을 설계하는 일이다. ⑤ 내부 고객관계관리(CRM, Customer Relationship Management)와 콘텐츠 자산 및 시장 데이터를 바탕으로 광고주별 맞춤 기획서를 자동으로 써 주는 기획서 생성 도구를 구축하는 일이다.

이 밖에도 광고 솔루션 개발자는 광고 자동화 플랫폼

의 구축(예: 실시간 예산 조정 시스템, 스마트 표적화 API), 데이터 파이프라인의 설계 및 운영(광고 효과 로그 수집, 정제, 시각화), 광고 추적 태그 및 스크립트의 개발, 캠페인 관리 대시보드의 개발, 인공지능 기반 추천 시스템의 개발(크리에이티브 제안, 타깃 추천 등) 같은 일을 맡고 있다. 광고 솔루션 개발자는 특정 부서의 업무를 넘어서 광고 회사의 전략 실행과 직접 연결되는 핵심 인프라에 관여한다. 따라서 대형 광고주의 여러 플랫폼을 통합적으로 운영해야 하는 대형 광고 회사에서는 이들의 역할이 갈수록 중요해지고 있다. 결국 광고 솔루션 개발자는 단순한 개발자의 개념을 넘어서 광고 문법과 마케팅 통찰력을 내재화하는 전략적 기술 전문가의 자격을 갖춘 사람인 셈이다.

협업을 통한 속도와 정밀도의 확보

광고 캠페인을 성공시키려면 광고 기획자는 빠르고 정확한 의사 결정을 내려야 한다. 수많은 매체에서 동시다발적으로 집행되는 광고 캠페인의 효과를 일일이 수작업으로 분석하고 조정하는 방식은 분명 한계가 있다. 광고 솔루션 개발자가 구축한 자동화 시스템이 없다면, 효과 추적이 늦어지거나 최적화 시점을 놓칠 수도 있어 예산 집행의 효율성이 떨어진다. 광고 솔루션 개발자의 역할이 중요해지는 이유는 광고 전략이 점점 기술에 의존하는 방향으로 전환되고 있는 경향 때문이기도 하다.

예컨대, "소비자의 실시간 반응 결과에 따라 광고 메시지를 자동으로 변경하자"라는 광고 메시지의 노출 전략을 세웠다고 가정해 보자. 이를 구현하려면 소비자 행동에 관한 자료 수집을 위한 추적 시스템, 기계학습 기반의 실시간 추천 알고리즘, 광고 크리에이티브를 교체하는 응용 프로그래밍 인터페이스(API)의 연동 구조, A/B 테스트의 자동화 도구 같은 기술이 필요하다. 모든 기술 요소는 광고 솔루션 개발자가 직접 설계하거나, 외부 솔루션을 맞춤화해서 광고 회사의 내부 시스템에 알맞게 통합해야 한다. 광고 솔루션 개발자는 초벌 아이디어에서 '실행할 수 있는 기술'로 전략을 해석하는 사람이다. 과거에 광고 솔루션 개발자가 실시간 클릭률 자료를 수집하고, 설정된 조건에 따라 자동으로 소재를 교체하는 알고리즘을 개발했다면, 이제는 일일이 사람이 개입하지 않아도 어떤 캠페인이 자체적으로 최적화되는 구조를 갖추게 된다. 이렇게 되면 광고 회사의 경영 차원에서는 인적자원의 절감과 투자 대비 매출액(ROI, Return on Investment) 향상이라는 이중의 효과를 기대할 수 있다.

광고 솔루션 개발자는 단순히 기술 개발만 잘하는 사람이 아니다. 실제 광고 집행 부서와 긴밀하게 소통하며, 실무에서 겪는 불편함과 필요를 파악해 이를 시스템에 반영해야 한다. 광고 솔루션 개발자는 전략 실행의 기술적 기반을 제공하므로 광고 회사에 없어서는 안 될 중요한 인력이다. 예컨대, 보고서를 작성할 때 매번 엑셀로 수작업하느라 시간 낭비를 많이 하는 미디어 플래너가 있다면, 광고 솔루션 개발자는 이를 자동화할 스크립트를 만들어 제공할 수 있고, 어떤 이미지가 반응하기가 좋은지 실시간으로 확인하고 싶다는 창작자가 있다면, 이 문제를 해결하는 시각화 도구를 개발할 수도 있다. 결국 광고 솔루션 개발자는 기술 전문가이면서도 현장 감각과 소통 능력을 겸비한 전략 소통의 구현자라 할 수 있다.

기술은 그 자체만으로는 아무런 가치를 지니지 못한다(Solanke, 2024). 따라서 광고 솔루션 개발자는 광고인들에게 친숙한 인터페이스를 고려해서 광고 기술의 엔진을 인간 중심으로 설계해야 한다. 모든 광고 기술은 광고 현장에서 모든 광고인이 손쉽게 사용할 수 있도록 직관적이고 친화적인 방식으로 구현되어야 한다. 광고 솔루션 개발자는 어려운 기술과 친숙한 실무의 '해석자'

가 되어야 한다는 사실에 유념하면서, 복잡한 알고리즘을 누구나 이해하고 활용할 수 있도록 편리한 인터페이스를 제공해야 한다. 예컨대, 인공지능이 자동으로 생성한 세분화 리스트를 마케터가 드래그앤드드롭 방식으로 캠페인에 적용하거나, 실시간 효과 경고가 이메일이나 슬랙 메시지와 연동해 제공되도록 한다면 이용자 중심의 사고가 반영된 인터페이스 설계라 할 수 있다.

광고 솔루션의 기술적 도구

광고 솔루션 개발자들은 데이터 저장, 시각화, 효과 대시보드, 기계학습, 자동화, 백엔드(back-end, 사용자와 직접적으로 상호작용하지 않고 프로그래머나 관리자만 접근할 수 있는 소프트웨어 시스템의 후단부)에 관련되는 인공지능 도구에 능숙해야 한다. 나아가 생성형 인공지능 도구들을 조합해 광고 캠페인의 운영 기반을 독자적으로 구성하는 역량을 함양해야 한다. 광고물을 자동으로 생성하고 집행하고 결과 보고를 해 주는 필수 인터페이스(Google Ads API, Meta Marketing API), 광고의 접속에 관련되는 빅데이터를 저장해 구조화질의어(SQL, Structured Query Language)를 바탕으로 분석하는 인공지능 도구(BigQuery, Snowflake), 데이터 분석 결과에 따라 최적의 기계학습 모델을 개발하는 프로그램(Python+Pandas, Scikit-learn), 크리에이티브 추천과 소비자 세분화를 바탕으로 모델을 구축하는 인공지능 도구(TensorFlow, PyTorch), 효과의 시각화를 위한 대시보드 설계 프로그램(Grafana, Tableau), 소비자 행동을 추적하는 프로그램(Firebase, Google Tag Manager)을 광고 솔루션 개발자들이 능수능란하게 활용한다면 자신의 역량을 함양하는 데 많은 도움이 될 것이다.

광고 솔루션 개발자들이 만든 프로그램의 수준에 따라 광고 효과에서도 차이가 있을 수밖에 없다. A 광고 회사의 개발자는 구글 광고, 네이버 검색광고, 페이스북 광고 등 다양한 플랫폼의 광고 효과를 통합적으로 관리할 수 있는 사내 자동화 도구를 개발했다. 광고 솔루션 개발팀은 응용 프로그래밍 인터페이스(API)를 연동해 플랫폼별 데이터를 실시간으로 불러오고, 캠페인별 클릭률, 전환율, 광고 비용 대비 전환율(ROAS, Return on Ad Spend)을 한 화면에서 비교할 수 있게 했다. 결과적으로 미디어 플래너의 분석 시간은 평균 30% 단축되었고, 실시간으로 예산 조정을 할 수 있게 돼 광고 캠페인의 효율성도 향상되었다.

글로벌 기업인 B 광고 회사는 전 세계 20개국에서 제품 광고를 집행하면서 지역별로 반응이 다르다는 문제점에 직면했다. 광고 솔루션 개발자들은 이 문제를 해결하기 위해 인공지능 기반의 크리에이티브 추천 엔진을 개발했다. 이 추천 엔진은 구글의 기계학습 엔진인 텐서플로(TensorFlow) 기반의 딥러닝 모델을 통해 지역별 효과 데이터를 학습한 후, 가장 효과적인 이미지와 카피의 조합을 자동으로 추천하고, 최적의 조합을 각 지역에 자동으로 송출하는 시스템이었다. 시스템을 적용한 결과, A/B 테스트에 들어가던 시간이 절반 이하로 줄었고, 캠페인 전환율은 28%나 상승했다.

광고 솔루션 개발자의 경쟁력

광고 솔루션 개발자에게 인공지능은 단순한 도구가 아니라 협업자이기도 하다. 과거에는 사람이 직접 조건을 설정해야 했던 표적화, 리마케팅, 입찰 전략 등이 이제는 인공지능이 주도하는 영역이 되었다. 개발자의 역할은 이러한 인공지능 시스템을 효율적으로 구축하고, 그 결과를 광고 회사 내부의 다른 팀들이 쉽게 활용할 수 있도록 인터페이스를 만드는 데 있다. 인공지능이 생성한 소비자 세분화 결과를 광고팀이 직관적으로 이해하고 바로 표적화할 수 있도록, 소비자 친화적인 대시보드를 개발하는 일은 기술과 마케팅의 경계를 연결하는 작업이라 할 수 있다.

광고 기획서를 자동으로 생성하는 챗GPT 기반의 문서 생성기, 제품 후기와 연계된 상품 설명문의 자동 생성 도구, 소비자 반응 예측에 기반한 카피 추천 시스템 같은 인공지능 도구는 국내외 여러 광고 회사에서 활용하고 있다. 이런 시스템은 단순한 자동화의 수준을 넘어, 창의적인 업무에서도 '공동 작업자' 수준으로 수행할 수 있다. 개발자의 손에서 시스템화된 인공지능 도구는 광고 회사의 업무를 혁신하고 생산성을 높이는 촉매제가 될 것이다.

광고 솔루션 개발자는 광고 기술의 내재화를 이끄는 주역이다. 따라서 광고 기술을 광고 전략의 언어로 해석하고 적용하는 사람에 비유할 수 있을 것이다(Kietzmann et al., 2018). 앞으로의 광고는 창의적인 콘셉트나 독창적인 아이디어의 세계를 넘어서야 한다. 시스템의 정교화, 자동화의 깊이, 데이터 활용의 민첩성이 광고 효과를 좌우할 것이다. 앞으로의 광고 활동에서는 전략의 기술적 실행 가능성, 데이터 기반의 효과 분석, 반복 업무의 자동화, 플랫폼 연동의 최적화 같은 모든 영역에서 기술이 뒷받침되어야 한다.

기술적 기반을 직접 구축하고 광고 회사의 경쟁력을 높이는 숨은 주역인 광고 솔루션 개발자는 기술을 적용해 전략을 실행할 수 있게 만드는 사람이다. 광고 창작자가 '광고의 얼굴'을 만드는 사람이라면, 솔루션 개발자는 '광고의 뇌와 신경망'을 설계하는 사람이다. 앞으로의 광고 회사는 어떤 광고 솔루션 개발자를 확보하느냐에 따라 경쟁력이 달라질 것이다. 따라서 광고 솔루션 개발자는 단순한 광고 기술자가 아니라, 광고를 기술로 해석하고 구현할 줄 아는 창의적 설계자가 되어야 한다. 앞으로 광고 회사의 차별화된 경쟁력은 '어느 회사가 더 좋은 크리에이티브를 보여 줄 수 있느냐' 하는 창의적인 역량뿐만 아니라, '어느 회사가 더 정교한 기술 인프라를 구축하고 있느냐'에 따라서도 결정될 것이다. 그 중심에 광고 솔루션 개발자가 우뚝 서 있다.

참고문헌

Chen, G. et al.(2019). Understanding Programmatic Creative: The Role of AI. *Journal of Advertising, 48*(4), pp.347~355.

Kietzmann, J. et al.(2018). Artificial Intelligence in Advertising: How Marketers Can Leverage Artificial Intelligence Along the Consumer Journey. *Journal of Advertising Research, 58*(3), pp.263~267.

Solanke, A.(2024). Software Development in the Age of AI: Quantifiable Frameworks for Measuring Enhanced Developer Productivity. *International Journal of Current Science Research and Review, 14*(4), pp.234~250.

09
AI와 광고 기술 전문가

디지털 광고 시장은 콘텐츠 기획과 노출에 치중하는 단계를 넘어섰다. 많은 플랫폼, 다양한 소비자 데이터, 정교한 표적화 알고리즘, 실시간 입찰 시스템으로 구성된 디지털 광고 생태계는 광고 기술 없이는 제대로 작동할 수 없게 됐다. 광고 기술 전문가는 이러한 생태계를 구축하고, 관리하며, 최적화하는 기술 관리자이자 전략의 파트너다. 이들은 광고 회사에서 광고 기술에 관한 전반적인 업무를 이해하고 조정하는 역할을 한다.

AI와 기자?

광고 기술 전문가의 역할과 정의

광고 기술 전문가(Ad Tech Specialist)는 복잡한 광고 기술을 조율하는 기술 전문가이자 복잡한 광고 생태계를 제어하는 전략 전문가다. 디지털 광고가 기술 중심으로 전환되면서, 크리에이티브와 미디어 기획 외에도 기술 인프라가 광고 효과에 결정적인 영향을 미치고 있다. 과거의 광고 회사에서는 개발자나 엔지니어의 개념이 없었지만, 지금의 광고 회사에서는 개발자나 광고 기술 전문가가 광고 전략의 실행과 광고 효과의 최적화를 담당하는 핵심 인력이 되었다. 이제, 광고 기술 없이는 광고 생태계가 제대로 작동할 수 없게 됐다.

광고 기술 전문가는 디지털 광고를 운용하는 데 필요한 다양한 기술 플랫폼과 도구를 통합하고 관리하는 실력자다. 이들은 광고 시스템을 마련하는 것을 넘어, 광고 전략을 체계적으로 구현하고 실시간으로 반응하는 자동화 시스템을 구성한다. 광고 기술 전문가는 광고 기술 플랫폼의 구조를 이해하고, 데이터를 바탕으로 캠페인을 자동화하며, 인공지능 기술을 활용해 실시간으로 효과를 조정하기 때문에, 광고 회사를 굴러가게 하는 엔진에 비유할 수 있다.

광고 기술 전문가는 인공지능 기반의 표적화, 자동화,

실시간 입찰(RTB, Real Time Bidding)과 DSP 및 DMP를 운영하는 과정에서 핵심적인 역할을 하게 된다(Tang, & Yu, 2025). 수요자 플랫폼(DSP, Demand Side Platform)은 광고주가 광고 트래픽 거래소(Ad Exchange)에서 막대한 물량의 지면을 효과적으로 선택해 구매할 수 있는 디지털 미디어 구매 플랫폼이다. 이 플랫폼에서는 광고주 입장에서 효과적인 광고 인벤토리를 편리하게 구매할 수 있도록 실시간 입찰 같은 기능과 다양한 데이터를 제공한다. 데이터 관리 플랫폼(DMP, Data Management Platform)에서는 엄청난 물량의 데이터를 분석하기 위해 정보를 저장하고 관리한다(김병희, 2021).

광고 기술 전문가는 광고의 기획, 집행, 분석, 보고까지 이르는 전 과정을 기술적으로 통합하는 시스템을 관리한다. 이들이 주도하는 주요 업무는 다음과 같다. 광고 플랫폼의 정립, 광고 운영의 최적화, 자료 수집, 자료 분석, 보고 시스템의 구축, 기계학습 기반의 표적화 알고리즘의 연동 및 관리, 실시간 입찰 전략의 수립, 캠페인 자동화 도구의 설정 및 유지보수, 개인정보 보호 기반의 광고 기획 및 쿠키 정책에 따른 추적 시스템의 개선, 광고주별 매체 전략에 따른 기술 최적화 방안의 제안 등이다(Veale & Borgesius, 2022). 광고 기술 전문가라는 명

칭과 달리, 이들은 광고 운영팀과 밀접하게 협업하며 광고 효율의 극대화에 이바지하는 실전형 전문가라고 할 수 있다. 즉, 이들은 광고 콘텐츠와 소비자 간의 기술적 연결 고리를 설계하고 조율하는 과정에서 특유의 전문성을 발휘한다.

광고 회사에서 광고 기술 전문가의 역할이 왜 중요할까? 그 이유는 이들이 플랫폼끼리 연결하고 광고 캠페인 전략을 실행하게 하는 실질적인 기반을 제공하기 때문이다. 이제, 디지털 광고 영역에서는 광고 콘텐츠를 잘 만드는 것만으로는 탁월한 광고 효과를 보장할 수 없다. 수많은 데이터와 기술이 얽힌 구조 속에서 광고가 적시에 적합한 소비자에게 도달하고, 실제로 구매 전환이 이루어지도록 플랫폼을 설계하는 역량이 더욱 중요해졌다. 광고 기술 전문가는 광고 회사의 기술 경쟁력을 높이고, 크리에이티브와 미디어 전략이 정확히 실행되도록 하는 데 결정적으로 이바지한다. 광고 기술 전문가는 단순히 기술 운영자가 아니라, 광고 전략이 실제로 실현되도록 하는 플랫폼의 실질적인 설계자다. 광고 전략팀에서 "타깃 소비자의 행동을 기반으로 하는 맞춤 광고를 집행하자"라고 제안하면, 그 전략이 기술적으로 가능하도록 현실화하는 것이 광고 기술 전문가의 업무다.

예컨대, 광고 전략팀이 "이탈 직전의 장바구니 소비자에게 리마케팅 메시지를 보내자"라고 제안한다면, 광고 기술 전문가는 이를 기술적으로 구현해야 한다. 쿠키 기반의 소비자를 식별하고, 이벤트의 계기를 마련하고, 맞춤형 광고 소재를 자동으로 송출하는 일련의 과정이 광고 기술 전문가에 의해 작동한다. 소비자의 검색 기록, 웹페이지 방문 경로, 구매 이력 같은 빅데이터를 연동해 DMP를 구성하고, DSP를 통해 각 타깃에 최적화된 광고를 자동 입찰 방식으로 집행하게 만드는 전 과정을 설계하는 일이 광고 기술 전문가의 몫이다. 또한, 이들은 실시간으로 수집되는 효과 데이터를 분석해 알고리즘을 조정하고, 효율이 낮은 캠페인을 빠르게 수정하도록 시스템을 유지하기 때문에 광고 기술 전문가는 기술 기반의 전략 실행자라 할 수 있다.

알고리즘 최적화와 정확도의 향상

인공지능 도구는 광고 표적화의 정확도를 비약적으로 높이는 데 이바지했다. 앞으로도 인공지능은 광고 표적화의 정밀도를 높이는 데 핵심적 기능을 발휘할 것이다. 특히 기계학습 기반의 알고리즘은 소비자 행동, 구매 패턴, 관심사 등을 학습해 반응 가능성이 가장 높은 타깃 세분화를 자동으로 실행하게 된다. 광고 기술 전문가는 기계학습 기반의 예측 모델을 데이터 관리 플랫폼(DMP)에 적용해 '이탈 가능성이 작고 전환 가능성이 높은 소비자'를 자동으로 선별하고, 수요자 플랫폼(DSP)에서 이들에게만 고효율 광고를 자동 입찰해 노출하는 전략을 구현할 수도 있다.

광고 기술 전문가는 인공지능 알고리즘을 실제 광고 플랫폼에 연동해 다음과 같은 기능을 실현한다. 유사 소비자나 전환 가능성이 높은 소비자를 예측하는 예측 기반 표적화(predictive targeting), 전환 가능성이 높은 소비자에게만 광고를 입찰하는 최적 입찰(smart bidding) 전략의 수립, 캠페인 반응 데이터에 따라 자동으로 세분된 집단을 업데이트하는 자동 재구성이 대표적이다. 이런 기술은 구글 디브이360(Google DV360), 더 트레이드 데스크(The Trade Desk), 아마존 디에스피(Amazon DSP) 같은 플랫폼에서 기본으로 제공되며, 광고 기술 전문가는 이를 상황에 맞게 조정하고 최적화한다. 여러 플랫폼은 모두 인공지능 기반의 자동 입찰 기능을 탑재한다. 광고 기술 전문가는 알고리즘의 성능을 조정하기 위해 기계학습 기반의 자동 재구성, 콘텐츠와 소비자의 적합도 분석에 기반한 예산 분배의 최적화, 실시간 광고 반응 데이터를 바탕으로 광고물의 자동 교체를 설정할 수도 있다. 이런 과정을 거쳐 광고비의 낭비를 줄이고 전환율을 최대화할 수 있다.

광고 기술 전문가는 인공지능 기반의 소비자 행동의 예측과 표적화, 글로벌 DSP 최적화 전략, 인공지능 기반의 표적 최적화, 실시간 입찰(RTB) 알고리즘 최적화에 필요한 광고 기술을 적절히 적용해야 한다. 실시간 입찰 알고리즘 최적화의 사례를 살펴보자. A 광고 회사의 광고 기획자는 국내 항공사의 모바일 앱 설치 캠페인을 운영하면서 광고 예산이 낭비되고 있는 현상을 발견했다. 늦은 밤 시간대에 클릭은 많아도 설치로 이어지지 않는 현상이 반복되자, 광고 기획자는 광고 기술 전문가를 긴급히 만나 상황을 설명했다. 광고 기술 전문가는 광고주를 위한 글로벌 기술 플랫폼인 더 트레이드 데스크(The Trade Desk)의 미디어 플랫폼인 코카이(Kokai)의 혁신 기능인 '딜 데스크(Deal Desk)'를 활용해 시간대별로 입찰 전략을 세분화했다. 광고 기술을 적용하자 인공지능 알고리즘은 시간대별로 클릭 대비 전환율을 학습하고, 광고 비용 대비 전환율(ROAS, Return on Ad Spend)이 낮은 시간대에는 입찰 금액을 자동으로 조정하거나 중단했다. 이렇게 운용한 결과 일주일 이내에 예산 낭비율이 30% 이상 감소했고, 설치된 앱의 수는 같은 예산 기준에서 22%나 증가했다.

광고 기술에 관련된 도구

광고 기술 전문가는 다양한 광고 기술을 조합해 플랫폼을 구축하고 운영한다. 이 도구들은 모두 광고 기술 전문가가 설정하고 최적화해야 원하는 효과를 기대할 수 있다. 주요 도구는 다음과 같다. 수요자 플랫폼(DSP)에서는 구글 디브이360, 더 트레이드 데스크, 아마존 디에스피 같은 도구를 활용해, 실시간 최적 입찰, 광고 집행, 자동화의 결과 분석이 가능하다. 데이터 관리 플랫폼(DMP)에서는 소비자 데이터를 통합하고 세분된 집단을 분석할 수 있다. 고객 데이터 플랫폼(CDP, Customer Data Platform)에서는 세그먼트(Segment), 어도비 익스피리언스 플랫폼(Adobe Experience Platform) 같은 도구를 활용해, 소비자 행동에 관한 자료를 수집하고 통합의 결과를 분석할 수 있다.

이 밖에도 구글 애널리틱스(Google Analytics), 파이어베이스(Firebase), 믹스패널(Mixpanel) 같은 분석 도구로는 유입과 전환 및 이벤트 추적의 성과를 분석할 수 있다. 또한, 구글 버텍스(Google Vertex)나 챗지피티 에

이피아이(ChatGPT API) 같은 인공지능 도구로는 광고 카피의 자동 생성, 콘텐츠 추천 및 응답 메시지 생성, 세분된 집단의 추천 같은 결과를 기대할 수 있다. 구글 태그 매니저(Google Tag Manager)나 메타 픽셀(Meta Pixel) 같은 추적 도구로는 소비자 행동에 관한 자료를 수집하고 설정할 수 있다. 광고 기술 전문가는 이러한 도구들을 상황과 목적에 알맞게 조합해서 효과적인 광고 캠페인을 전개해야 한다.

인공지능 도구를 활용하는 과정에서 개인정보 보호에 기술적으로 대응하는 일도 중요하다. 광고 기술의 정교화는 개인정보 보호와 관련된 문제도 함께 개선한다. 광고 기술의 발전은 개인정보의 활용에서 정밀도를 높였지만, 동시에 개인정보의 유출이라는 윤리적 문제도 초래했다. 광고 기술 전문가는 이러한 문제에 대응하기 위한 기술적 해결책도 설계해야 하며, 글로벌 개인정보 보호 규정에 대응할 수 있도록 기술적 해결책을 마련해야 한다. 예컨대, 구글의 콘센트 모드(Consent Mode)를 활용해 소비자의 쿠키 동의를 받아 데이터를 유연하게 수집하거나, 차등 프라이버시(differential privacy) 기법을 도입해 개별 소비자를 식별할 수 없도록 하는 광고 기술을 적용해야 한다. 인공지능에 관련된 윤리를 준수하는 문제는 광고 기술 전문가의 중요한 책무이기도 하다.

광고 효과 높이는 기술의 지휘자

인공지능이 광고 산업을 변화시키고 있지만, 인공지능 도구를 제대로 이해하고 활용하며, 광고 전략에 기술적으로 녹여내는 존재는 바로 광고 기술 전문가다. 광고 전략이 아무리 정교해도 이를 실현하는 광고 기술의 기반이 없다면 그 전략은 현실화하지 못한다. 광고 기술 전문가는 플랫폼과 데이터를 연결하고, 소비자 행동과 광고 콘텐츠를 결합하며, 실시간으로 광고를 조정하는 시스템을 설계하고, 인공지능 기반의 광고 생태계가 작동하는 원리를 이해하고 최적화함으로써, 광고 효과를 높이는 기술의 지휘자로 떠올랐다.

광고의 최적화는 이제 광고인의 경험 영역이 아닌 과학의 영역으로 진입했다. 광고 기술 전문가는 광고 플랫폼을 이해하고, 인공지능 알고리즘과 데이터를 조합하여 효율적인 집행 구조를 설계하고, 실시간 최적화를 현실화하는 핵심 기술 인력이다. 앞으로 광고 회사의 경쟁력은 크리에이티브 파워나 브랜드 파워를 넘어서 얼마나 기술적으로 유연하고 정교한 시스템을 운영하느냐에 따라 결정될 것이다. 데이터의 과학을 설계하고 실행하는 광고 기술 전문가는 광고 시스템의 설계자이자 운영자로서, 광고 산업의 미래를 이끄는 기술 전략가로 자리매김했다. 인공지능 기반의 광고 기술이 고도화될수록 광고 기술 전문가의 존재는 더더욱 중요해질 것이다.

참고문헌

김병희(2021). "프로그래매틱 광고 기술". 《디지털 시대의 광고 마케팅 기상도》, 59~71쪽. 학지사.

Tang, X. & Yu, H.(2025). Towards Trustworthy AI-Empowered Real-Time Bidding for Online Advertisement Auctioning. *ACM Computing Surveys, 57*(6), pp.1~36.

Veale, M. & Borgesius, F. Z.(2022). Adtech and Real-Time Bidding under European Data Protection Law. *German Law Journal, 23*(2), pp.226~256.

10
광고의 미래와 광고인의 일머리

광고 회사의 업무에서 인공지능이 인간을 대체하거나 협업하는 속도도 갈수록 빨라지고 있다. 하지만 광고 산업은 기술만으로 작동하는 시스템이 절대 아니다. 인간의 감각과 해석은 물론 윤리적 판단은 더더욱 중요하다.
인공지능은 사람을 대체하는 존재가 아니라, 잘만 활용하면 광고인의 역량을 더욱 강화할 수 있는 일머리의 동반자다. 인공지능 기술을 대하는 업무 태도와 업무 수행 방식의 혁신이 가장 중요하다.

AI와 미래 의사?

인공지능이 바꾸는 광고인의 일터

제4차 산업혁명의 물결 속에서 광고 산업을 비롯한 모든 산업 영역에 인공지능이 도입되었다. 인공지능이 도입된 이후 광고인의 역할도 빠르게 재편됐지만 인공지능 기술의 발전이 광고인의 능력을 대체한다는 것은 아니었다. 오히려 인공지능은 광고인의 능력을 확장하는 협업 도구로 적용할 가능성이 더 커졌다(Arango et al., 2023). 인공지능 기술은 광고 산업 전반에 강력한 영향을 미치고 있지만, 특히 다음의 네 가지 영역에서 광고인의 업무를 빠르게 변화시켰다.

첫째, 아이디어 발상 구조에서의 변화다. 예전에는 카피 한 줄을 쓰기 위해 숱한 회의를 하고, 머리를 싸매야 했지만 이제는 챗GPT, 재스퍼(Jasper), 카피에이아이(Copy.AI) 같은 생성형 인공지능을 활용해 수많은 카피를 몇 초 만에 얻을 수 있다. 앞으로 광고인의 업무는 창의적인 아이디어 발상보다 데이터가 제공하는 결과물의 선택과 조정에 가까워질 것이다.

둘째, 콘텐츠 생성의 자동화로의 변화다. 챗GPT, 재스퍼, 미드저니(Midjourney) 같은 생성형 인공지능은 광고 카피, 이미지, 영상을 자동으로 생성함으로써 제작 비용과 시간을 절감한다. 비주얼 제작 방식도 완전히 달라졌다. 미드저니, 달리(Dall-E), 어도비 파이어플라이(Adobe Firefly) 같은 이미지 생성 도구는 아트 디렉터의 작업 방식을 근본적으로 변화시켰다. 광고 시안을 제작할 시간이 단축되고 다양한 콘텐츠를 선별하는 '상상력 실험'을 시도할 수 있게 됐다.

셋째, 효과 예측 및 최적화로의 변화다. 구글 디브이360(Google DV360)이나 메타 애드 매니저(Meta Ads Manager) 등은 인공지능 기반의 최적 입찰(smart bidding)과 전환 예측 알고리즘을 바탕으로 광고 효율성을 실시간으로 관리한다. 운영 자동화와 실시간 분석의 보편화도 가능해졌다. 구글 디브이360이나 메타 애드 매니저 같은 수요자 플랫폼(DSP, Demand Side Platform)은 인공지능 기반의 입찰 자동화나 실시간 반응의 최적화 기능을 제공한다. 광고 기획자는 빠른 피드백을 바탕으로 전략을 조정할 수 있으며, 반복적인 분석 작업에서 벗어날 수 있다.

넷째, 소비자 심리를 반영한 맞춤형 콘텐츠로의 변화다. 인공지능 기반의 고객관계관리(CRM, Customer Relationship Management), 데이터 관리 플랫폼(DMP, Data Management Platform), 고객 데이터 플랫폼(CDP, Customer Data Platform) 같은 솔루션은 소비자의 세분화, 표적화, 재구매 유도 전략을 자동으로 제안한다. 인공지능 도구는 소비자 데이터를 학습해 실시간으로 맞춤형 메시지를 생성해, 상황과 맥락에 따라 다르게 전달한다. 디지털 시대의 광고인에게는 핵심어 하나를 창출하는 것보다 인공지능이 생성하고 분화한 수많은 버전을 조율하고 선택하는 판단력이 더 중요해졌다.

이러한 변화 속에서 앞으로 광고인은 광고 업무의 단순한 실행자 역할을 넘어서, 인공지능이 생성한 아이디어와 결과물을 해석하고 인간적인 감각과 창의성을 결합할 수 있는 큐레이터이자 해석자로 거듭나야 한다. 광고인은 인공지능을 어떻게 수용해야 할 것인가? 인공지능의 활용 여부는 광고인의 일머리를 크게 바꿔 놓았다. 과거에는 하나의 카피를 수십 번 고민하며 써야 했지만, 이제는 인공지능이 생성한 수많은 초안 중에서 어떤 카피가 브랜드의 특성에 가장 잘 맞는지를 판단하면 된다.

창작 방식을 바꿔 버릴 정도로 인공지능 기술이 급속히 발전하는 마당에 광고인은 더 이상 도구에 뒤처진 창작자가 되어서는 안 된다. 오히려 인공지능을 업무 도구로 능동적으로 수용하고, 이를 활용해 더 높은 수준의 기획력과 창의성을 고민하는 진화된 전문가로 변화해야 한다. 광고인이 인공지능을 유연하게 수용하려면 인공지능을 경쟁자가 아닌 협업 파트너로 인식하는 발상의 전환이 무엇보다 중요하다. 광고인이 인공지능을 잘 활용하려면 다음과 같은 태도가 필요하다.

첫째, 프롬프트 기획력을 높여야 한다. 광고인은 생성형 인공지능에 무엇을 묻고 어떤 조건을 제시할 것인지 기획하는 프롬프트 설계 능력을 강화하는 역량을 높여야 한다. 생성형 인공지능 도구는 '어떤 질문을 하느냐'에 따라 결과가 달라지기 때문에, 광고인은 원하는 방향과 맥락을 설계할 수 있는 질문 역량(prompt engineering)을 향상해야 한다.

둘째, 큐레이션 역량을 갖춰야 한다. 광고인에게는 인공지능이 제시한 많은 결과물 중에서 브랜드의 방향성에 맞는 것을 고르고, 다듬고, 적용할 수 있는 안목이 필요하다. 테스트 중심의 사고와 민첩한 실행력이 필요한 것이다. 인공지능은 다양한 결과물을 빠르게 생성하므로, 광고인은 실험 중심의 사고를 바탕으로 A/B 테스트를 빠르게 진행하고 반응 데이터를 바탕으로 전략을 조정하는 유연성이 필요하다.

셋째, 검증과 해석 능력을 연마해야 한다. 인공지능은 문화적 맥락이나 시대적 흐름을 완벽히 이해하지 못한다. 광고인은 그 틈새를 메우는 해석자 역할을 해야 한다. 인공지능은 반복과 변형에는 강하지만, 맥락 해석이나 감성 전달에는 한계가 있다. 광고인은 인공지능의 결과물을 바탕으로 인간적인 감성, 스토리텔링, 문화적 해석을 덧붙일 줄 알아야 한다.

광고 산업의 진화 방향

인공지능과의 협업을 통해 광고인들은 진화를 거듭하고 있다. B 광고 회사에서 5년 차 카피라이터로 일하던 김모 씨는 미드저니를 활용해 비주얼 콘셉트의 발상 작업을 주도하면서 프롬프트 엔지니어로서의 역량을 인정받았다. 프롬프트 전문가로 변신한 그는 광고주의 요구에 맞는 프롬프트를 설계해 비주얼의 유형을 빠르게 제시하고, 디자이너와 협업해 완성도를 높였다. 이처럼 카피라이터는 이제 단순히 카피 쓰는 사람이 아니라, 인공지능 도구와 사람을 연결하는 설계자로 확장되고 있다. 인공지능과 함께하는 미래의 광고 산업은 다음과 같은 방향으로 진화할 것이다.

첫째, 초개인화 광고(hyper personalization)의 방향성이다. 인공지능은 소비자의 맥락, 감정, 선호를 실시간으로 파악하여 개인 맞춤형 메시지를 자동 생성할 수 있게 된다. 따라서 소비자의 성별, 위치, 구매 이력, 기분

상태, 날씨, 시간대에 맞춰 콘텐츠가 실시간으로 달라지는 초개인화 마케팅이 보편화될 것이다.

둘째, 광고 콘텐츠의 실시간 변형이 보편화된다는 방향성이다. 하나의 캠페인도 수백 가지 버전으로 분화되어, 인공지능 도구는 소비자 특성에 따라 캠페인을 자동으로 조합한다. 또한, 광고와 기술과 데이터의 완전한 융합이 가능해져 경계가 사라지기 때문에 광고인은 광고 콘텐츠를 실시간으로 변형하는 기술 기반의 크리에이티브 맥락을 이해해야 한다.

셋째, 인간과 인공지능의 협업 구조로 조직이 개편된다는 방향성이다. 광고 회사 내부에서도 프롬프트 디자이너, 데이터 플래너, 자동화 운영 매니저 같은 새로운 직무가 등장하고, 크리에이티브와 데이터를 잇는 하이브리드 직무가 주목받을 것이다. 데이터 분석 능력을 갖춘 크리에이티브 디렉터, 프롬프트 작성에 능숙한 기획자, 소비자 여정 전반을 이해하는 전략형 디자이너 같은 새로운 직무가 확산할 것이다.

미래 광고인에게 필요한 일머리의 재정의

앞으로 광고인의 일머리는 무엇이 달라져야 할까? 디지털 시대의 광고인에게 필요한 일머리는 단순한 기술 활용 능력에 국한되지 않는다. 오히려 인공지능 기술을 활용해 데이터 기반의 기획력, 풍부한 해석력, 협업을 지향하는 사고력이 더 중요해지고 있다. 과거의 일머리가 문제 해결 방식과 조직 문화에 적응하는 데에 초점을 맞췄다면, 미래 광고인에게 필요한 일머리의 구체적인 역량은 다음 네 가지로 요약할 수 있다.

첫째, 구조를 설계하는 사고 역량이다. 광고 캠페인을 직접 기획하는 것도 필요하지만, 광고 캠페인을 인공지능에 맡겨 설계하는 사고의 전환도 필요하다. 프롬프트를 잘 짜는 사람이나 콘텐츠 구조를 설계하는 사람도 유능한 광고인이 될 수 있다. 인공지능은 지시받기 전까지는 아무것도 하지 않기에, 좋은 질문을 던지고 구체적인 맥락을 제시하며 문제 설정 능력이 탁월한 광고인이 미래 광고를 주도해 나갈 것이다.

둘째, 유연하게 선별하는 큐레이션 역량이다. 인공지능 도구는 수많은 버전을 제시한다. 광고인은 그중에서 브랜드에 적합한 느낌과 방식, 문화적 타당성, 메시지의 일관성을 고려해 가장 적절한 것을 선별할 수 있어야 한다. 실험과 테스트 중심의 사고도 매우 중요하다. 여러 버전을 빠르게 실행해 보고, 반응 데이터를 바탕으로 전략을 조정할 수 있는 유연성이 광고인에게 필요한 이유이기도 하다.

셋째, 데이터를 전략으로 바꾸는 해석 역량이다. 수치와 그래프 및 예측 모델을 바탕으로 통찰력을 얻은 다음, 그것을 다시 기획으로 연결하는 과정이 중요하다. 광고인은 인공지능이 생성한 결과물을 수치로만 바라보지 않고, 소비자 행동을 유발하는 아이디어로 전환하는 솜씨를 발휘해야 한다. 데이터에 대한 해석력과 전략화가 중요한 이유다. 인공지능이 생성한 숫자나 그래프를 바탕으로 통찰력을 도출하고 전략으로 전환하는 광고인이 유능한 사람이다.

넷째, 광고 기술에 대한 윤리적 판단 역량이다. 광고인은 이미지 합성 기술(deepfake), 조작된 이미지, 편향적 알고리즘 같은 광고 기술의 부작용을 판단할 수 있는 윤리적 기준을 숙지해야 한다. 인공지능에 대한 윤리적 통제의 필요성은 갈수록 강화되고 있다. 생성형 인공지능의 편향성, 허위 정보의 생성 가능성, 저작권 침해 같은 다양한 문제가 동반되는 만큼, 앞으로 광고인들은 윤리적 판단력과 감수성을 향상해야 한다.

인공지능 기술이 계속 발전하는 상황에서 인공지능 도구는 더 많은 카피를 쓰고, 더 빠른 이미지를 생성하며, 더 정교한 타깃을 찾아낼 것이다. 그러나 브랜드의 진정성을 전달하는 데 필요한 소비자 심리의 반영이나 문화적 맥락의 판단은 여전히 사람만이 할 수 있는 영역이다. 인공지능 기술이 아무리 급속히 발전한다 해도 광고인의 역할은 절대로 축소되지 않을 것이며(김병희, 2021), 상황 변화에 따라 광고인의 역할 변화만 달라질 것이다.

인공지능이 광고 산업을 바꾸고 있지만 인공지능 도구가 광고인의 역할을 완전히 대체할 수는 없고, 광고인이 더 고차원적인 사고와 판단에 집중할 수 있도록 돕는 방향으로 나아갈 것이다. 중요한 것은 광고인이 인공지능을 도구로 활용해 자신의 역량을 높여 나가려는 태도다. 앞으로의 광고인은 질문을 설계하고, 결과물을 큐레이션하며, 브랜드와 인간 사이의 감정을 연결하는 인공지능 도구의 운영자로 진화할 것이다. 앞으로 광고인의 일머리는 인공지능에 시킬 일과 직접 해야 할 일을 구분할 줄 아는 전략적 직관에 따라 결정될 것이다. 인공지능 기술은 계속 발전하겠지만, 그것을 활용하는 사람의 감각은 대체되지 않기 때문이다.

앞으로 광고인의 일머리는 '어떤 광고를 만들까'에 있지 않고, '인공지능을 활용해 광고를 어떻게 잘 만들도록 설계할까'에 달려 있다. 광고인은 인공지능 기술이 진화하면 할수록 사람에 대해 더 많은 관심을 가져야 한다. 그것이 인간과 인공지능의 진정한 공존이자 진화다. 미래의 광고인은 인공지능 도구를 단지 활용하는 사람이 아니라, 기술의 결과물을 전략적으로 활용하고, 지혜로운 판단력으로 방향을 조율할 수 있는 해석자이자 광고 캠페인의 지휘자가 되어야 한다. 인공지능 시대에도 인간 지능의 존재는 여전히 중요하다. 아니, 인공지능이 감당할 수 없는 광고인의 경험과 지혜는 더더욱 값지고 중요해질 것이다.

참고문헌

김병희(2021). "인공지능이 바꾼 광고 세상". 《디지털 시대의 광고 마케팅 기상도》, 29~44쪽. 학지사.

Arango, L. et al.(2023). Consumer Responses to AI-Generated Charitable Giving Ads. *Journal of Advertising, 52*(4), pp.486~503.

Tang, X. & Yu, H.(2025). Towards Trustworthy AI-Empowered Real-Time Bidding for Online Advertisement Auctioning. *ACM Computing Surveys, 57*(6), pp.1~36.

김병희

현재 서원대학교 광고홍보학과 교수로서 한국공공브랜드진흥원 부원장으로 봉사하고 있다. 서울대학교를 졸업하고 한양대학교 광고홍보학과에서 광고학 박사를 받았다. 한국광고학회 제24대 회장, 한국PR학회 제15대 회장, 정부광고자문위원회 초대 위원장, 서울브랜드위원회 제4대 위원장으로 봉사했다. 주요 저서 및 논문으로는 《AI와 PR 회사에서 일하기》(커뮤니케이션북스, 2025), 《디지털 시대의 광고 용어 300》(학지사비즈, 2025)을 비롯한 70여 권의 저서를 출간했으며, "디지털 시대의 광고산업 생태계를 고려한 광고의 새로운 정의"(2024)를 비롯한 120여 편의 논문을 국내외 주요 학술지에 발표했다. 한국갤럽학술논문상 대상(2011), 제1회 제일기획 학술상 저술 부문 대상(2012), 교육부·한국연구재단의 우수연구자 50인(2017) 등을 수상했고, 정부의 정책 소통에 기여한 공로를 인정받아 대통령 표창(2019)을 받았다.

kimthomas@hanmail.net